W0342140

BusinessVillage

Larissa Wasserthal

Denk dich unglücklich

Strategien, die du schon anwendest

BusinessVillage

Impressum

Larissa Wasserthal
Denk dich unglücklich
Strategien, die du schon anwendest
1. Auflage 2019
© BusinessVillage GmbH, Göttingen

Bestellnummern
ISBN 978-3-86980-478-1 (Druckausgabe)
ISBN 978-3-86980-479-8 (E-Book, PDF)

Direktbezug unter www.businessvillage.de/bl/1079

Bezugs- und Verlagsanschrift
BusinessVillage GmbH
Reinhäuser Landstraße 22
37083 Göttingen
Telefon: +49 (0)551 2099-100
Fax: +49 (0)551 2099-105
E-Mail: info@businessvillage.de
Web: www.businessvillage.de

Layout und Satz
Sabine Kempke

Autorenfoto
Gis Lange, Bensheim

Illustration auf dem Umschlag
erhui1979, www.istockphoto.de

Druck und Bindung
www.booksfactory.com

Copyrightvermerk
Das Werk einschließlich aller seiner Teile ist urheberrechtlich geschützt. Jede Verwertung außerhalb der engen Grenzen des Urheberrechtsgesetzes ist ohne Zustimmung des Verlages unzulässig und strafbar. Das gilt insbesondere für Vervielfältigung, Übersetzung, Mikroverfilmung und die Einspeicherung und Verarbeitung in elektronischen Systemen. Alle in diesem Buch enthaltenen Angaben, Ergebnisse usw. wurden von dem Autor nach bestem Wissen erstellt. Sie erfolgen ohne jegliche Verpflichtung oder Garantie des Verlages. Er übernimmt deshalb keinerlei Verantwortung und Haftung für etwa vorhandene Unrichtigkeiten. Die Wiedergabe von Gebrauchsnamen, Handelsnamen, Warenbezeichnungen usw. in diesem Werk berechtigt auch ohne besondere Kennzeichnung nicht zu der Annahme, dass solche Namen im Sinne der Warenzeichen- und Markenschutz-Gesetzgebung als frei zu betrachten wären und daher von jedermann benutzt werden dürfen.

Inhalt

Über die Autorin

Larissa Wasserthal ist die Geschäftsführerin der CA Corporate Alchemists GmbH. Als Coach und Trainerin arbeitet sie seit über zwanzig Jahren mit renommierten nationalen und internationalen Kunden. Sie gilt als Expertin für positive Unternehmenskultur und hat sich in der Branche als Happiness Alchemista etabliert.

Mit ihren persönlich entwickelten Programmen hilft sie Kunden, innerhalb kürzester Zeit ihr volles berufliches und persönliches Potenzial auszuschöpfen und erheblich bessere Ergebnisse zu erzielen. Sie gilt als Expertin im interkulturellen Kommunikationstraining.

Ein Schwerpunkt ihrer Expertise ist das Thema »Positive Unternehmungskultur«. Sie unterstützt ihre Kunden dabei, eine so positive Umgebung zu gestalten, dass die Mitarbeiter nicht nur gerne ihre Arbeitszeit dort verbringen, sondern auch täglich zu Höchstleistungen motiviert werden. So wird ein Umfeld geschaffen, in dem die Kunden zu richtigen Partnern werden, mit denen das Unternehmen eine lange und profitable Geschäftsbeziehung eingeht.

Larissa Wasserthal begleitet ihre Kunden dabei, ein erfolgreiches Mindset zu schaffen und die größtenteils unsichtbaren Assets und Talente, die jeder Mensch in sich trägt, zu Gold zu machen. Sie hat hierbei für sich den Begriff des Culture Alchemist geprägt, der die Transformation in Unternehmen, aber auch bei einzelnen Personen im 1-to-1-Coaching gestaltet. Sie hilft ihren Kunden, nicht nur einen Job zu machen, sondern auf eine Mission zu gehen und ihre wahre Leidenschaft auszuleben.

Die Erfahrungen zeigen, dass dies in jedem Unternehmen, auch den international agierenden, möglich ist.

Larissa Wasserthal hat ein natürliches Talent, Beziehungen erfolgreich aufzubauen sowie Chancen auch in wirtschaftlich unglücklichen Situation zu erkennen. Zu ihrem Erfolg trug maßgeblich bei, dass sie Menschen motivieren und inspirieren kann. Von ihrer Leidenschaft für Innovation und Veränderungen haben schon viele Kunden profitiert.

Kontakt:
E-Mail: info@corporate-alchemists.com
Homepage: www.corporate-alchemists.com

Vorwort – Bitte lesen, sonst verpasst du etwas

Hunderte von Sachbüchern erscheinen jedes Jahr und die meisten davon wollen uns direkt oder indirekt zeigen, wie wir glücklich werden. Wie nimmst du ab und wirst damit glücklich? Wie wirst du reich, damit du glücklich bist? Wie du mit Ängsten, Depressionen, Krebs oder andere Krankheiten lebst oder sie bewältigst und dadurch den Weg zu einem glücklichen Leben findest. Wie du die Erfüllung und Glück im Job entdeckst oder wie du glückliche Beziehungen mit anderen Menschen führst. Aus der Erfahrung weiß jeder, dass glücklich sein auf Dauer nur theoretisch einfach ist.

Seit vielen Jahren beschäftige ich mich mit dem Thema »Happiness«. Ich habe Hunderte von Klienten gecoacht, in Trainings und Workshops begleitet, Artikel/Blogs und Bücher zu diesem Thema geschrieben, geforscht und eins dabei festgestellt: Unser größtes Glück ist es zu wissen, was genau uns unglücklich macht. Weil so lange ich nicht weiß, was mich unglücklich macht, kann ich doch nicht daran arbeiten und dies verändern!

Ich arbeite sehr gerne mit Fragen. Dies sind Fragen, die zum Nachdenken anregen. Eine davon ist die folgende Wunderfrage und in der Tat, die Antwort kann ziemlich schnell fast magische Erkenntnisse liefern. »Stell dir vor, jetzt, während du diese Zeilen liest, geschieht ein Wunder, und das Problem, das dich gerade beschäftigt, ist verschwunden. Welchen Nachteil hast du jetzt?« Oberflächlich gesehen keinen, schaue etwas tiefer ... Na, fündig geworden? An dieser Stelle höre ich öfters: »Wow, wenn mein Problem verschwunden ist, verliere ich auch die Aufmerksamkeit, die ich durch mein Problem rund um mich erzeuge.« Hier merken wir, dass das eigentliche Problem ganz woanders liegt, nicht wahr? Dies ist schon mal eine wichtige Botschaft. Grundsätzlich gilt, aus meiner Sicht, ein Problem oberflächlich und blind zu bekämpfen, ist mühsam und bringt keine nachhaltigen Erfolge. Viel schlauer ist es, sich mit dem Zweck, welches deine negativen Gedanken erfüllen, zu beschäftigen.

Die nächste Wunderfrage klingt auch erst mal etwas seltsam: »Wenn du dich (deutlich) schlechter und nicht besser (!) fühlen wollen würdest, was genau müsstest du tun?« In diesem Buch biete ich dir nicht nur theoretische Beispiele von Strategien, die du möglicherweise jetzt schon sehr gut meisterst, sondern auch eine Möglichkeit, deinen Expertenstatus in Dich-unglücklich-denken zu hinterfragen und mithilfe einer selbst erstellten oder auch imaginären Grafik von 0 bis 100, wie gut du die Strategie schon beherrscht, am Ende der jeweiligen Kapitel zu bewerten. Auf diese Art wird es für dich sichtbar, wo deine persönlichen Potenziale liegen können.

Folgende Fragen könnten dir dabei helfen:

- Bist du voller Zuversicht, hier ein Experte zu sein?
- Wie optimistisch schätzt du deine Fähigkeiten hier ein?
- Ist was du sagst, tust und denkst, im Einklang?
- Wie gerne lebst du diese Strategie?

- Bist du ein praktizierender oder nur ein theoretischer Experte in dieser Strategie?
- Würdest du dir den Ehrenpreis in dieser Kategorie selbst verleihen?

Es ist keineswegs meine Absicht irgendwelche Leiden zu verharmlosen. Jeder von uns erlebt Phasen, in denen wir uns selbst im Weg stehen und uns sabotieren. Die nachfolgenden Tendenzen stammen aus realen Beispielen meiner Klienten und selbstverständlich meiner eigenen. Die schwierigsten Zeiten in unserem Leben, die Krisen, die wir ab und zu erleben, bieten ein Fundament für Erkenntnisse und persönliches Wachstum. Genau diese sind, was wir oft im Nachhinein erkennen, unsere besten Geschenke.

Mach dir Gedanken über deine Gedanken und hab Spaß dabei! Persönlichkeitsentwicklung kann leicht und sogar lustig sein. Teile deine Erfahrungen mit mir und lass uns gemeinsam die Welt verändern, indem wir bei uns selbst anfangen …

#1 Setze dir mehrere, möglichst komplizierte Ziele auf einmal!

Setze dir mehrere, möglichst komplizierte Ziele auf einmal und denke daran, sie so unrealistisch wie möglich zu formulieren! Denn realistisch kann jeder. Warum etwas einfach machen, wenn es auch so schön kompliziert geht!? Ein wichtiger Zusatz ist, die Ziele alle gleichzeitig zu verfolgen.

Setze dir zum Beispiel das Ziel, den Neunzig-Millionen-Euro-Jackpot zu knacken, eine reiche Traumpartnerin beziehungsweise einen reichen Traumpartner zu finden und bald zu heiraten, dich selbstständig und im ersten Jahr über hunderttausend Euro Gewinn (!) zu machen und noch im gleichen Jahr mindestens fünf längere Urlaubsreisen zu unternehmen, weil du jetzt endlich selbst der Chef bist und dir deine Zeit planen kannst, wie du willst. Oder drei Wochen vor deinem Urlaub fällt dir ein, dass du fünfundzwanzig Kilo abnehmen solltest, um eine attraktive Strandfigur zu haben, wobei einfach zu hungern die einzige noch rationale, aber dennoch sehr ungesunde Option ist, zumal auch das für dein Ziel ziemlich förderlich sein könnte. Mehrere komplexe Projekte gleichzeitig zu führen, ist die nächste Option, die bei dir garantiert Stress erzeugt. Es geht primär nicht darum, ob du fähig bist oder nicht, deine Ziele zu erreichen. Jeder von uns kann es, die Frage ist hingegen wie gut unsere Ergebnisse sind!

Möglicherweise setzt du dich mit deinen Visionen so stark unter Druck, dass dein Ziel, unglücklich sein, von ganz allein eintritt.

#2 Multitasking, wo immer es geht

Multitasking ist ein sensationeller Trend, weil es deine Arbeit verlangsamt und dich weniger produktiv macht. Ist dies noch nicht dein Eindruck? Dann lege noch eine Schippe drauf, weil du möglicherweise noch nicht genug Projekte gleichzeitig am Laufen hast. Da geht noch was.

Multitasking bietet grandiose Vorteile:

- du wirst gestresst
- deine Konzentration und Reaktionsfähigkeiten sinken.

Noch nicht so ganz überzeugt? Dann bitte noch was: deine Fehlerquote steigt.

Allein all diese Punkte führen dazu, dass du bald unglücklich bist. Soll dies noch nicht der Fall sein, bitte die Dosis dramatisch erhöhen. Ich sage hier bewusst »dramatisch«, denn die Dosis nur ein bisschen zu erhöhen, kann dein Weg zum Ziel etwas ausbremsen.

Im beruflichen Alltag ist Multitasking bei vielen Firmen sehr gefragt, wobei genau diese Fähigkeit gar nicht so positiv ist. Machen wir es praktisch: Du telefonierst mit dem Kunden und dabei beantwortest du eine E-Mail, gleichzeitig klingelt dein Handy und du siehst einen Name auf dem Display, auf dessen Anruf du den ganzen Tag gewartet hast, weil er dir so wichtig ist. Oder parallel liest du deine WhatsApp-Nachrichten, die dich ablenken. Na, immer noch voll konzentriert? Oder bist du bei dem Kunden schon längst mental ausgestiegen? In deiner E-Mail hast du einen Text produziert, der äußerst unbrauchbar ist.

Du darfst keine Zeit verlieren. Denke daran: Jeder glückliche Tag ist ein verlorener Tag!

#3 Multitasking – Next Level

Sollte es bei dir im Vorstellungsgespräch oder Jahresgespräch eine Möglichkeit geben, deine Multitasking-Fähigkeit zu verkaufen, mach es und bitte richtig laut. Die ganze Firma soll es wissen. Alle Freunde, Nachbarn, Verwandten und Bekannten. Erzähl es jedem, dass du nie genug haben kannst. Wieso, fragst du dich? Ein Geheimtipp: deine Kollegen sollen es unbedingt wissen, um dir im schlimmsten Fall (wenn du plötzlich Richtung Entschleunigung abrutschen solltest) sofort ein paar Projekte oder Aufgaben abzugeben. Nicht, dass du eines Tages dastehst und nichts mehr zu tun hast. Einen Ruf als Multitasking-King oder -Queen im Unternehmen zu haben, ist wie eine Goldmedaille. Also mische dich überall ein und schaue, dass du, wo auch immer du bist, was zu sagen hast.

Anderen zu helfen ist grundsätzlich eine gute Idee, hier in diesem Fall merke dir folgendes: Sei immer für alle anderen da und vergiss dich selbst. Als ob du mit deinen Bedürfnissen gar nicht existieren würdest.

Es muss zweifellos deine Priorität werden, denn du hast ein Ziel: unglücklich zu sein. Mach was dafür! Und denke daran: Von nichts kommt nichts.

#4 Denke ständig über deine Probleme nach!

Denke ständig über deine Probleme nach und rede so oft wie möglich mit all deinen Mitmenschen darüber. Oder wenn du, symbolisch gesehen, erkannt hast, dass du tief in einem Loch steckst, grabe bloß noch tiefer und höre auf keinen Fall damit auf. So bist du am schnellsten nicht nur unzufrieden und unglücklich, sondern womöglich verlierst du auch alle deine Freunde, denn hoffentlich denkst du nicht nur überall über deine Leiden nach, sondern erzählst jedem davon. Lenke dich nicht ab mit positiven Dingen in deinem Leben. Diese zerstören nur dein Ziel, unglücklich zu sein. Oder sie verlangsamen deine Reise dorthin. Ein gewisser Grad an Beliebtheit ist dir garantiert, denn in deinem Jammern findest du die Aufmerksamkeit, die du vielleicht auch unbewusst suchst.

»Beliebt« ist relativ, du wirst zwar die Bühne haben, allerdings werden immer mehr Menschen Abstand von dir halten. Oft wirst du das in Form von Ausreden erleben, dass sie gerade keine Zeit haben, zu einem Termin unterwegs sind, ihr Kind irgendwo abholen müssen. Sie würden dir so gerne weiter zuhören, aber ... (!). Kommen solche Kommentare dir bekannt vor, machst du alles richtig. Und habe bitte keine Angst, auf der Welt gibt es genügend Menschen, die nur darauf warten, all deine Grübeleien kennenzulernen und sich diese immer wieder aufs Neue anzuhören.

Grübeln ist so sensationell einfach und einer der sichersten Wege, deine Stimmung sehr schnell zu verschlechtern.

#5 Zeige niemals deine Gefühle

Es gibt viele gute Strategien, unglücklich zu sein, und deine Gefühle nicht zu zeigen, ist eine davon. Das Beste ist, dass, wenn du diesen Ratschlag über einen längeren Zeitraum befolgst, dein Erfolg sehr nachhaltig sein wird. Es ist dabei sehr wichtig, die Gefühle zu unterdrücken, denn diese Gefühle werden von außen nicht wahrgenommen, aber du leidest weiterhin und wirst damit garantiert unglücklich. Diese Regel gilt sowohl beruflich wie auch privat. Also, wieder mal Glück gehabt! Schlucke deine Ängste, Verzweiflungen, Wut oder was auch immer du fühlst, einfach runter, egal wie schlecht es dir geht. Wenn manche Menschen etwas schlimmes ahnen, wechsele das Thema unverzüglich oder greife zu einer Notlüge und erzähle was Belangloses. Du wirst schneller an deinem Ziel ankommen als du dir vorstellen kannst.

Wenn es dir nicht leichtfällt, denke an die Sätze, die du hoffentlich oft in der Kindheit gehört hast: Hör auf zu jammern! Kopf hoch! Sei tapfer! Sei nicht so kindisch!

Tatsache ist doch, es interessiert keinen, was du fühlst und ist das nicht der beste Grund, deine Gefühle für dich zu behalten? Lenke dich ab, es gibt so viele Möglichkeiten, deine Gefühle in Frust zu verwandeln und sie weg zu essen oder weg zu trinken. Das sind oft Momente, wo du hungrig wirst. Hungrig nach Sachen, die dir nicht guttun.

Merke dir diese Kombinationen richtig gut und schreibe diese am besten sogar in deinem eigenen Ratgeber auf. Darauf kannst du immer leicht zurückgreifen.

#6 Baue deine Ziele ausschließlich auf deinen Schwächen auf

Die Ziele auf deinen Schwächen aufzubauen ist einfacher als du denkst. Wieso fragst du dich gerade? Es ist ganz einfach. Die meisten Menschen kennen ihre Schwäche deutlich besser als ihre Stärken. Hoffentlich gehörst du auch dazu. Selbstverständlich soll dein Ziel auch entsprechend groß sein, damit du dies kaum erreichen kannst und natürlich noch ein kleiner, dennoch wichtiger, Zusatz: deine Messlatte für dein Ziel sollte ganz oben sein. Sei niemals zufrieden mit dem Mittelmaß. Und das basierend auf deinen Schwächen! Genial, nicht wahr?

Die Arbeit ausschließlich an deinen Schwächen wird dich früher oder später frustrieren und ist das nicht eine gute Voraussetzung, um unglücklich zu sein?

Wenn dir dieser Ratschlag zu einfach erscheint, gehe auf die nächste Stufe und setze dir so viele Ziele wie möglich, die lediglich auf deinen Schwächen basieren. Hoffentlich hast du viele! Mach es zu deiner Aufgabe, ein Ziel zu setzen, was so viele wie möglich und selbstverständlich im besten Fall alle deine Schwächen bedient.

Du wirst sehr wahrscheinlich zeitnah aufgeben und somit schnell unglücklich werden. Nein, ich verspreche dir nicht zu viel, du kannst dich auf meine Erfahrung verlassen. Ich verrate dir etwas: Schwächen stärken, schwächt Stärken.

Klingt dies nicht großartig? Die Arbeit ausschließlich an deinen Schwächen beschert dich höchstens mit dem Durchschnitt oder Mittelmaß und hilft dir ungemein, unglücklich zu werden oder zu bleiben.

#7 Suche dir einen Job, den du nur des Geldes wegen machst

Dieser Ratschlag ist besonders wichtig, denn überlege mal, wie viel Zeit du täglich im Job verbringst? Entsprechend ist dein Weg zum Ziel, unglücklich zu sein, sehr einfach, wenn deine Hauptmotivation allein das Geld ist.

Bitte lass dich nicht vom Kurs ablenken mit all dem aktuellen Drang und der Suche nach dem Sinn und der Erfüllung. Folge-deinem-Herzen-Events und -Angebote sind für dich nicht erwünscht, ja sogar gefährlich! Nicht, dass du dort auf komische Ideen kommst. Viel Geld ist das einzige, was zählt.

Kennst du schon das Gefühl, dass dein einziges Ziel bei der Arbeit das Wochenende oder sogar die Rente ist? Dann hast du wahrscheinlich alles richtig gemacht bei der Jobsuche. Bist du noch nicht soweit?

Dann empfehle ich dir dringend deine berufliche Situation umgehend zu verändern. Glückwunsch, so langsam kommst du deinem Ziel immer näher.

#8 Treibe keinen Sport, denn Sport ist Mord!

Sport ist auf keinen Fall zielführend, weil er deine Laune und deine Gesundheit verbessern könnte. Studien zeigen, dass Sport antidepressiv wirkt. Höre sofort damit auf. Jede, sogar leichte, Bewegung kann schon positive Folgen auf dein Gemüt haben. Wenn du schon aufstehst, dann höchstens für den Gang zum Kühlschrank, um etwas richtig Ungesundes zu holen! Gesunde Snacks können dazu beitragen, dass du dich besser fühlst und das ist nicht dein Ziel. Du gewinnst, wenn du ausschließlich auf der Couch bleibst und passiv auf irgendetwas wartest. Vielleicht hast du gerade selbst erkannt, dass hier mehrere wertvolle Strategien versteckt sind.

Okay, es gibt doch eine Ausnahme, die ich dir jetzt verrate! Sport im Fernsehen anzuschauen ist in Ordnung. So bist du bestenfalls über alle relevanten Ergebnisse informiert und kennst dich sogar mit Begriffen aus, die du auch gerne anwenden kannst, um deine Mitmenschen zu beeindrucken. Mit der Zeit wirst du genügend Fachkenntnisse sammeln, um zum Beispiel dein Sportengagement leicht faken zu können. Manchmal ist es angebracht, behalte es im Kopf.

Und noch eins! Merke dir: Sport schafft den Ausgleich zwischen Körper und Geist! So eine Balance ist ziemlich kontraproduktiv für dein Vorhaben. Denke daran! Unglücklichsein geht anders ...

#9 Iss bitte nichts Gesundes!

Um unglücklich zu werden und dies auch nachhaltig zu bleiben, solltest du unbedingt auf gesundes Essen verzichten. Alle ungesunden Speisen sind hervorragende Alternativen, denn sie machen dich müde und schlapp. Diese Zustände garantieren dir deinen Erfolg: ein unglückliches Leben.

Solltest du plötzlich Hunger auf einen Salat bekommen, dann bitte nimm dir zumindest etwas Verpacktes in einer Plastiktüte. Je billiger, desto besser selbstverständlich. Warum? Dort sind Pestizide und Keime sehr gerne zu Hause. Auch wenn diese zwei sehr süß klingen mögen, sind sie alles außer unbedenklich. Diese brauchst du unbedingt!

Getränke sind auch enorm wichtig und von daher empfehle ich dir besonders die industriell hergestellten Limonaden mit möglichst viel Zucker!

Vergiss Mineralwasser und Tees, sie sind für dich viel zu gesund und könnten dir helfen, glücklich zu sein. Das ist der falsche Weg!

Frag dich einmal selbst, was dich wirklich gut fühlen lässt, was dich glücklich, satt, ausgeglichen und energiegeladen macht. Und vergewissere dich sofort, dass diese Lebensmittel für dich zukünftig tabu sind! Alles, was dich müde oder voll macht, ist im Gegenteil großartig!

Das wertvolle bei diesem Ratschlag ist, dass du eine bewusste Entscheidung treffen kannst, wenn du deinen Körper tagsüber und nachts beobachtest. Unser Körper sendet uns Signale, die du niemals überhören solltest.

#10 Verbringe deine Freizeit nur vor dem Fernseher!

Und je inhaltsloser die Sendungen, desto besser ist das für dich! Zum Glück ist es anders heutzutage schwer möglich.

Gute Bücher lesen, Freunde treffen oder einfach spazieren gehen wird völlig überbewertet! Negative Nachrichten sind besonders geeignet. Horror-Nachrichten und Panikmacher bereiten dir schlaflose Nächte und führen früher oder später zu deinem Ziel, unglücklich zu sein. Gott sei Dank, wird es sehr wahrscheinlich nicht nur bei Schlafbeschwerden bleiben. Die Horrorszenarien werden dich früher oder später auch tagsüber begleiten. Das ist doch genau das, was du dir wünschst! – Denk dich unglücklich, es war noch nie so einfach.

Dieser Ratschlag ist für die meisten Menschen sehr einfach umzusetzen und garantiert schnellen Erfolg!

Na, immer noch skeptisch? Na, dann bitte ein paar gute Inspirationen:
Werbepausen machen dick. Genau, was machst du in den Pausen? Irgendwas naschen, richtig? Mach weiter. Wer mehr fernsieht, hat mehr Kalorien. Die willst du doch keinem abgeben, oder?
Wer fernsieht, macht weniger Sport. Sport braucht auch kein Mensch.
Fernsehen bildet in der Regel nicht, deswegen sei achtsam mit der Wahl der Sendung.
Wenn du schon unbedingt fernsehen musst, dann schaue bitte auch extremst viel und das rund um die Uhr, denn das macht bekanntlich auch unglücklich.

Fernsehen macht einsam. Deine Zeit ist begrenzt und du entscheidest, sie mit Freunden zu verbringen oder eben auf deiner Couch vor deinem geliebten Fernseher.

#11 Mach Geld zu deiner ersten Priorität!

Fragst du dich manchmal, was denn im Leben zählt? Menschen haben unterschiedliche Antworten und Ideen darauf. Für dich soll es nur eins geben: Gehe über Leichen zu deinem Ziel – was wirklich zählt, ist, dass du richtig viel verdienst. Mach möglichst viele Überstunden, sei immer für deine Firma erreichbar, geh trotz Grippe oder anderen Krankheitserscheinungen zur Arbeit, beantworte deine E-Mails auch im Urlaub (am besten rund um die Uhr). Dies mit der Vorstellung, die Welt retten zu müssen und mit dem Traum, bald viel Geld machen zu können.

Vergiss deine Familie und Freunde. Spätestens, wenn du nach einem Burn-out völlig kraftlos und einsam zu Hause sitzt, wirst du zutiefst unglücklich sein und das garantiert!

Noch ein toller Zusatz: Sei generös, wenn du an dich investierst und sehr geizig, wenn du in dich investierst. Dies ist ein kleiner, aber sehr feiner Unterschied. Deswegen noch einmal für dich: Sei großzügig, wenn du an dich investierst und sehr geizig, wenn du in dich investierst. Ja, mache dir bitte darüber Gedanken.

Okay, vielleicht gehörst du zu Menschen, die sich noch nicht im Klaren darüber sind, wie sie Prioritäten richtig setzen sollten. Der erste Schritt zu klaren Prioritäten ist, bewusst danach zu fragen. Tag für Tag. Was ist wirklich wichtig? Wie kannst du Geld zu deiner absolut obersten Priorität machen?

Lerne nach diesem Prinzip zu leben, suche dir zum Beispiel Freunde ausschließlich nach dem Vermögen aus! Entsprechen sie deinen Verstellungen, sind sie die richtigen, wenn nicht, sofort weg damit! Übung macht den Meister. Bleib am Ball.

#12 Sei nie zufrieden mit dem Geld, das du hast!

Viel Geld ist relativ. Wenn du dein Ziel »viel Geld« erreicht haben solltest, nimm unmittelbar die nächste Stufe und visualisiere dir »viel mehr«. Was für ein Glück, dass das Wort »viel« so dehnbar ist. Täglich kannst du dir darunter etwas anders vorstellen. Beispiel gefällig? Denke bitte darüber nach, was »viel Geld« für dich bedeutete als du erst achtzehn Jahre alt warst? Vielleicht, symbolisch gesehen, waren zweitausend Euro schon ein Traumgehalt? Mit dreißig oder vierzig sind zweitausend Euro gar nicht mehr viel Geld, nicht wahr?

Oder noch ein Beispiel, nach dem Essen bei deinem Lieblingsitaliener, gibt eine dreiköpfige Familie 1,50 Euro an Trinkgeld und meint, es wäre viel, für den anderen sind 15 Euro eher normal und das beim gleichen Rechnungsbetrag. Den Begriff »viel Geld« definiert jeder von uns selbst und sehr individuell und zusätzlich jeder von uns verändert im Laufe des Lebens seine eigene Definition von »viel«, wie in dem Beispiel oben.

Und ganz wichtig: es gibt immer jemanden, der mehr hat. Auch wenn es manchmal nur »ein bisschen mehr« bedeutet. Dieser jemand muss täglich deine Messlatte werden, ja orientiere dich täglich an diesen Menschen. Es gibt kaum einen einfacheren Weg, unglücklich zu sein. Wenn du an Networking Events jeder Art teilnimmst, teile es jedem mit, dass »viel Geld« deine wichtigste und einzige Priorität ist. Schnell wirst du unbeliebt, who cares?

Denke bitte daran, dass dein großes Ziel (das Ziel hinter dem Ziel) allein materieller Natur ist. Alles andere spielt keine Rolle.

#13 Vergleiche dich ständig mit anderen!

Es ist vollkommen egal, was du in deinem Leben schon erreicht hast. Wenn jemand, den du kennst, scheinbar (!) etwas mehr hat, ist all das nichts wert. »Scheinbar« ist an dieser Stelle sehr bewusst gewählt, denn solche Angelegenheiten anderer Menschen kannst du oft nur für dich interpretieren.

Dieser Tipp ist besonders leicht umzusetzen, denn es gibt zum Glück immer jemanden, der mehr verdient, hübscher, fitter, gesünder ist et cetera. Wenn dir niemand einfällt, hast du nicht gründlich genug diesen jemand gesucht. Bemühe dich jederzeit darum, dich mit anderen zu vergleichen und setze deine Aufmerksamkeit insbesondere auf all diejenigen, die definitiv mehr erreicht haben. Diese fantastische Strategie hilft dir täglich, die Bestätigung zu bekommen, dass die anderen besser sind und so bleibst du garantiert unglücklich.

Hier noch was on top: Wenn du dich schon mit anderen vergleichst, dann bitte nimm alle deine Macken wahr und am besten fange damit an, jemand anderes sein zu wollen. Lerne deinen Körper zu hassen im Vergleich mit anderen, das ist übrigens ziemlich simpel. Dein Gesicht, deine Persönlichkeit, jeder andere ist mehrfach besser. Bemühe dich, die Aufmerksamkeit von Menschen zu bekommen, die besser sind als du (deiner Meinung nach selbstverständlich) und die dich mit ihrem Sein einfach verletzen.

Logisch verletzt du dich innerlich selbst, die Vergleiche zeigen dir lediglich deine eigenen Schwachstellen auf und dieses mangelnde Denken verletzt dich, aber besser glaube, dass es doch die anderen sind. Es ist deutlich effektiver auf dem Weg zu deinem Ziel: Denk dich unglücklich, Schritt für Schritt …

#14 Gib Ratschläge – es sind keine Schläge

Diese Strategie ist besonders erfolgreich, wenn du deine Ratschläge ungefragt verbreitest. Schreibe es bitte auf! Sehr wichtig. Grundsätzlich braucht die Welt deine Ratschläge. Sieh es als deine Mission, die anderen zu belehren.

Bitte merke es dir: In der Kommunikation geht es oft nicht darum, was wir sagen, sondern wie wir es sagen! Je direkter und bestimmender du es machst, desto erfolgreicher wirst du sein. Dein Helfersyndrom auszuleben, ist eine großartige Gelegenheit, viele Feinde zu gewinnen und der sichere Weg zum Unglücklichsein. Suggeriere es dir, dass du alles einfach besser weißt und bringe es entsprechend rüber. Freundlich und diplomatisch kann jeder.

Du bist nicht »jeder«, von daher suche dir immer eine perfekte Gelegenheit dich sichtbar mit deinen Ratschlägen zu machen. Je mehr Menschen deine Weisheiten mitbekommen, desto besser ist dies. Unglücklich sein ist so einfach!

Außergewöhnlich gut ist es, wenn du deine besserwisserischen Weisheiten verteilst, wenn dein Wissen ausschließlich theoretischer Natur ist. Machen wir es anschaulich: wenn du selbst keine Kinder hast und alle Eltern belehrst, woran sie versagt haben! Ha, wird dies gut ankommen. Noch ein Knaller ist ein Langzeitsingle, der Beziehungsweisheiten mit jedem Paar teilen muss.

Solche Theoretiker sind besonders beliebt und garantiert wirst auch du bald zu den Glücklichen gehören. Mache den Unterschied, gib überall ungebetene Ratschläge.

#15 Mach dir ständig Sorgen, was alles schieflaufen kann!

Unglücklich sein ist so einfach, denn ein kleiner Perspektivwechsel erschafft Probleme, wo es keine gibt. Scheint das für dich noch nicht wirklich leicht zu sein? Sei kreativ und diszipliniert. Manche Menschen haben das Glück, denn sie sind in einer Umgebung groß geworden, in der sich die Familie ständig Sorgen machte, was alles schieflaufen kann. Diese Fähigkeit ist für sie somit wie angeboren. Die gute Nachricht ist, wenn es bei dir nicht angeboren ist, ist dies relativ leicht zu erlernen. Wie immer gilt: wenn du dir keine Sorgen machst, hast du nicht gründlich nachgeschaut, was eventuell nicht stimmen kann. Praktisch alles, was wir irgendwo erleben, bietet eine neue Chance, sich Sorgen zu machen.

Mal ehrlich, wann hast du dir das letzte Mal Sorgen gemacht? Vermutlich ist das nicht allzu lange her. Die spannende Frage dabei ist: Wann waren deine Sorgen das letzte Mal berechtigt? Wie oft sind die Horrorszenarien wirklich wahr geworden? Wann ist das befürchtete Ereignis oder Problem auch eingetreten? In der Regel erweisen sich die meisten unserer Sorgen als unbegründet und übertrieben. Die meisten sind lediglich Interpretationen, Vermutungen, Spekulationen. Sie belasten und können sogar krank machen.

Es ist deine Entscheidung, diese abzustellen oder dein Ziel weiter zu verfolgen und Strategien zu entwickeln, wie du ein professioneller Bedenkenträger wirst.

Wenn dieser Ratschlag von allein nicht funktioniert, nimm dir einen sogenannten Sorgen-Mentor zur Seite. Dieser Profi hilft dir sozusagen, auch im Schnee Dreck zu finden. Werde zu einem Menschen, der für jede Lösung ein Problem hat!

#16 Sei passiv und warte ab!

Wie ganz viele andere Menschen in deiner Umgebung, hast du vielleicht Ziele in deinem Leben. Der sicherste Weg, sie nicht zu erreichen und unglücklich darüber zu sein, ist in einer Fantasiewelt zu leben und passiv abzuwarten, dass deine Gedanken allein die Ziele machbar machen. Träum weiter vom besseren Leben, einer Traumpartnerin oder einem Traumpartner, Millionen auf dem Konto, was auch immer du möchtest, aber bitte mache nichts aktiv! Außer dir zu wünschen, dass die Träume in Erfüllung gehen sollen.

Erkennst du dich? Manche Ziele noch von vor zehn Jahren sind immer noch nicht erreicht? Dann warte passiv noch ein bisschen länger und unternimm bitte nichts, denn wenn du aktiv die Verantwortung übernimmst, kannst du deine Ziele erreichen und glücklich werden. Wie schrecklich! Lass die

Finger davon und träum weiter ... nur so kannst du unglücklich bleiben.

Gehörst du auch zu den Menschen, die Sprüche lieben? Dann ist hier ein Geschenk für dich: »One day or day one. You decide.« So sagt man auf Englisch, ins Deutsche übersetzt bedeutet das: »Eines Tages oder Tag eins. Du entscheidest.« Genial, richtig?

»Eines Tages ...« darf ab heute zu deinen Lieblingssätzen zählen, denn damit kreierst du viele Träume, die mit großer Wahrscheinlichkeit niemals wahr werden, weil du nur passiv wartest und hoffst. Bleib dran, glaube an dich. Du kannst dich Schritt für Schritt unglücklich denken.

#17 Setze deinen Fokus auf das Negative!

Die Welt ist so gemein und das Leben so unfair, besonders zu dir: einem Versager! Wiederhole diese Sätze mehrmals täglich, damit du dich konditionierst. Wenn du bei der Arbeit bist, nimm besonders genau die Sachen wahr, die schief laufen und vertiefe dich in diesen. Kritisiere alle Menschen, die deiner Meinung nach eine rosarote Brille tragen: wie naiv und dumm diese sind. Wenn etwas doch gut laufen sollte, zerrede es unmittelbar und verbanne die positiven Gedanken unverzüglich aus deinem Gedächtnis.

Schaue abends, am besten bis zum Einschlafen, Talkshows und die ganzen Horror-Reportagen. Da kommst du auf richtig negative Gedanken, die dir den Schlaf rauben ... Und wenn du erst mal richtig schlecht geschlafen hast, wird auch der nächste Tag miserabel. Und damit nicht ein leckeres Frühstück deine Stimmung erhellt, greife gleich zur Zeitung. Es gibt so viel Negatives, von dem du noch nichts weißt. Wichtig: Dranbleiben am Negativen. Dann funktioniert's auch mit dem Unglücklichsein.

Es ist dir möglicherweise schon irgendwie bekannt, dass man zusammen viel mehr erreichen kann. Finde Gleichgesinnte, denn den Fokus gemeinsam auf das Negative zu legen macht deutlich mehr Spaß und wenn du achtsam mit den Gedanken anderer Menschen umgehst, bekommst du täglich Tausende von Inspirationen nach dem Negativen zu sehen beziehungsweise zu hören.

Ja, manche unserer Mitmenschen sind ein Segen für die Seele, weil sie schon da sind, wo wir nur hinwollen. Suche nach Menschen, die das Negative überall gerne erkennen und folge ihnen. Denn, wie gesagt, gemeinsam seid ihr mehr und könnt etwas richtig Großes bewegen.

#18 Lern, um die Ecke zu denken, so erkennst du das Negative überall

Dieser Tipp ist sehr theoretisch: Schaue nach dem Aufstehen aus dem Fenster und sieh das Negative in allem, was du wahrnimmst. Ist das Wetter schlecht, beschwere dich sofort: »Oh, man, schon wieder Regen! Keine Lust mehr.« Wie typisch für deine Gegend, nicht wahr? Ist das Wetter gut, kritisiere es auch. »Es ist doch viel zu heiß für die Jahreszeit! Die Sonne ist schlecht für die Haut und ich hasse es, schon morgens schwitzen zu müssen. Besonders schlimm ist es, dass ich an solchen Tagen arbeiten muss!« Stelle dir alle Menschen vor, die jetzt woanders sind, das perfekte Wetter haben, und flippe aus, dass es bei dir nie (!) so ist. Involviere am besten deine Mitmenschen in diese Gespräche. Du wirst schnell erkennen, dass die Argumente unterschiedlich sind; umso besser ist es für dich, denn so lernst du deinen Horizont zu erweitern und neue Ideen kennen, um dich besser beschweren zu können.

Werde ein Querdenker im negativen Sinne, diese Menschen sind die Besten. Sie sind eben einzigartig kreativ. Machen wir es praktisch: Du bekamst eine sehr positive Nachricht, dass du mehrere Millionen Euro in Lotto gewonnen hast. Davon hast du doch schon immer geträumt! Und was nun? Wie würdest du dich verhalten, wenn du ein negativer Querdenker wärst? Erst mal hast du ab sofort garantiert schlaflose Nächte, denn was machst du jetzt mit dem Geld? Großartig, Problem Nummer eins ist da. Dann wirst du bestimmt jemanden an deine Seite holen, der dich nur abzocken will! Plötzlich hast du tausend falsche Freunde, die nur dein Geld wollen. Und dich gut genug vor Einbrechern schützen, kannst du heutzutage sowieso kaum.

Na, wie geht es dir jetzt? Willst du immer noch deinen Jackpot oder hast du schon keine Lust mehr? Dich unglücklich zu denken ist so unglaublich einfach!

#19 Sei dir selbst dein größter Feind!

Dir selbst dein bester Freund zu sein, ist krank und egoistisch, stimmt's? Viel effizienter und effektiver ist es, dich ständig zu kritisieren, fertig zu machen und verbal heftig zu verletzen. Es ist sehr hilfreich, dich täglich daran zu erinnern, dass du nicht (!) liebenswert bist. Um unglücklich zu sein, mach es am besten mehrfach. Lerne es, die Person in deinem Spiegel zu hassen, denn das ist die beste Voraussetzung, dein größter Feind zu werden und nachhaltig unglücklich zu bleiben.

Wie kann diese Strategie im realen Leben funktionieren? Ernähre dich ausschließlich ungesund. Denke daran, dass Zucker, fertige und besonders fettige Gerichte, Alkohol, Nikotin zu deinen besten Begleitern werden sollen oder sogar müssen. Vielleicht wunderst du dich, was sie alle mit dem Thema zu tun haben? Ist doch klar! Gesund und bewusst lebende Menschen gehen liebevoll mit ihrem Körper und ihren Gedanken um. Das darfst du auf keinen Fall machen. Ein guter Weg, dir selbst dein großer Feind zu werden, ist sehr rücksichtslos mit dir umzugehen. Wenn dein Körper ein Mülleimer wäre, was würdest du machen? Ja, genau: schnell Müll hineinwerfen.

Ab und zu ist es nicht besonders leicht, sich selbst der größten Feind zu sein, was dann? Dein Querdenkertalent ist dann gefragt! Selbstsabotage beginnt im Kopf und genau dort findest du genügend Inspirationen. Eine Idee wäre, sich selbst zu boykottieren, indem du dir deine eigenen Schwächen immer wieder vor Augen führst und dir regelrecht einredest. Typische Sätze in diesem Zusammenhang sind etwa: »Es wird doch bei mir nicht funktionieren, wie immer!«, »Mir gelingt das sowieso nicht.«, »Warum sollte das jemanden interessieren?«

Die Selbstsabotage führt zu Versagensängsten, du entwickelst eine panische Angst vor Misserfolgen und vermeidest daher jedes Risiko. Ein geringes Selbstwertgefühl ist oft ein wesentlicher Auslöser für Selbstsabotage. Also denke dich weiter unglücklich, bleib dran.

#20 Pflege deine negativen Gedanken

Vernachlässige niemals deine Gedanken, habe sie immer unter Kontrolle, denn mit ihrer Hilfe kann die Person im Spiegel dein schlimmster Feind oder leider auch dein bester Freund werden. Deswegen achte aufmerksam darauf, was genau du über dich denkst. Jeden Tag hast du mehrfache Chancen, dir selbst dein größter Feind zu werden. Wenn du schon erfolgreich bist und trotzdem noch mehr willst, gibt es noch eine Steigerung. Was könnte sie sein? Denke kurz darüber nach. Grundsätzlich ist es wichtig, dass du lernst, selbst Ideen zu entwickeln und weiterzudenken, denn nur so kannst du deine Leistungen und Fähigkeiten auf ein wirklich optimales Niveau bringen. Na, hast du eine Idee?

Okay, hier ist die Auflösung. Die nächste Stufe ist logischerweise dein größter Feind zu bleiben(!). Nachhaltigkeit ist enorm wichtig. Was bringt es dir, nur manchmal oder noch schlimmer nur selten dein großer Feind zu sein und immer wieder abzurutschen zu Selbstlob und Liebe. Sei achtsam, dass dies niemals passiert.

Die Wissenschaft zeigt uns, dass das menschliche Gehirn stärker auf Negatives als auf Positives reagiert. Sozusagen liebt unser Gehirn Probleme mehr als Positives, ist das nicht genial? Also bitte, schlechte Gedanken lohnen sich.

Noch ein paar Inspirationen, falls du immer noch nicht hundertprozentig überzeugt bist:
Positives Denken heißt, die Augen vor der Realität zu verschließen.
Positives Denken funktioniert sowieso nicht.
Positives Denken setzt dich unter Druck.

Lerne es, negatives Denken zu den wichtigsten Werkzeugen in deinem imaginären Werkzeugkoffer zu machen und immer dabei haben zu müssen. So gelingt es dir leicht, unglücklich zu bleiben.

#21 Jammere und klage so viel du kannst und das überall!

Jeder Ort bietet perfekte Gelegenheiten zu jammern. Egal, ob dich jemand fragt oder nicht, lege los mit deinen Leidensgeschichten. Ungefragt ist selbstverständlich hochwertiger als Strategie. Wenn du Glück hast, wirst du dein Gegenüber auch damit anstecken und so könnt ihr zusammen die Welt nachhaltig verschlechtern. Wenn nicht, mach es zu deiner Aufgabe, die Mitmenschen von deinem Jammern zu überzeugen. Manche werden den Kontakt zu dir meiden, nicht schlimm. Bau deine Jammer-Talente auf und komme auf sie an einem späteren Zeitpunkt zurück. Nur aufzugeben darf für dich keine Option sein! Auf manche anderen wirst du magnetisch positiv wirken, denn Jammern verbindet. Hast du es auch schon beobachtet? Einer fängt damit an, zum Beispiel: »Oh, ist es unerträglich warm, schon wieder die Hitze ich kann es nicht mehr ertragen!« und plötzlich machen die anderen mit: »Stimmt, schlimm ist es. Früher gab es solche Temperaturen kaum. Wo soll das alles hinführen?« Politik, Krankheiten, Konflikte bieten andere fantastische Plattformen an, sich als Jammerer auszutoben. Alle Jammerer und Nörgler sollen deine Verbündeten werden. Zusammen erreicht ihr mehr.

Und denke daran: Manchmal leiden wir sehr lange an einem Problem, weil wir oft darüber nachdenken und/oder reden. Wie du siehst, unglücklich zu sein ist sehr einfach. Du kannst dich einfach unglücklich denken.

#22 Warte immer lediglich auf den richtigen Moment!

Du bist ja nicht so, wie all die anderen, die ins Tun kommen, um ihre Ziele zu erreichen. Mache das bloß nicht! Auf den richtigen Moment zu warten, ist die beste Strategie, deine Ziele ganz selten oder sogar niemals zu erreichen und somit kommst du deinem Traum, unglücklich zu sein, noch einen Schritt näher. Es wird sich eines Tages eine bessere Gelegenheit zeigen, um das Leben zu genießen, sich weiterzubilden, sich auf einen besseren Job zu bewerben, eine Entscheidung zu treffen und den Job zu wechseln, nach einer Gehaltserhöhung zu fragen, ins Fitnessstudio zu gehen, mit Freunden die Zeit zusammen zu verbringen, das Leben zu genießen et cetera. Du verstehst, was zu tun ist ... warte einfach auf den richtigen Moment. Mit etwas Glück wird dieser Moment nie kommen.

Nun, wann ist der richtige Zeitpunkt überhaupt? Und woran erkennst du ihn? Gibt es den einen Moment, in dem alles perfekt ist? In dem sich alle Bedenken in Luft aufgelöst haben? Schwierig, schwierig ... Wer auf den perfekten Moment wartet, wartet eine Ewigkeit.

Warten auf den richtigen Moment hat oft auch mit Entscheidungen zu tun. Entscheidungen, eine Entscheidung zu treffen und nicht mehr zu warten. Vielleicht hast du schon mal den folgenden Satz gehört: Keine Entscheidung zu treffen, ist auch eine Entscheidung. Eben, warte lieber ab ...

Die Sätze, die mit »Hätte ich nur ...« beginnen, kannst du dir schon mal merken. Sie werden dein Leben auch in Zukunft nicht unbedingt versüßen, dennoch sind sie grandios auf deinem Weg, unglücklich zu sein.

#13 Halte alles für selbstverständlich!

Wenn dein Kollege dir die Präsentation oder den Vertragsabschluss gerettet hat oder einfach einen schwierigen Kunden von dir übernimmt, weil du an dem Tag etwas Wichtiges zu tun hast, nimm das als selbstverständlich hin, denn die Kollegen werden sowieso für ihren Job bezahlt. Vielleicht hat dein Partner dich mit einem Blumenstrauß überrascht oder deine Partnerin für dich etwas Großartiges gekocht, auch das ist kein Grund, dich zu bedanken oder es ist sogar eine gute Gelegenheit, dich zu beschweren, weil er/sie ja auch bessere Blumen, ein besseres Gericht hätte aussuchen können. Genau, am besten kritisiere alles und alle.

Werden wir doch praktisch, damit du eine Idee hast, wie genau diese Strategie funktionieren kann: Oben in meinem Beispiel hat dein Kollege deine Präsentation übernommen, kritisiere ihn für alles, was er hätte besser machen können! Der andere Kollege hat deinen Vertragsabschluss gerettet, er hätte doch viel bessere Konditionen aushandeln müssen. Wenn er schon dabei ist, dann soll es auch entsprechend perfekt für dich laufen, damit du später bei der Geschäftsführung besser punkten kannst. Einen schwierigen Kunden hat der Kollege übernommen, auch hier gibt es Kritikpunkte, die du direkt, am besten in der Öffentlichkeit, äußern solltest.

Okay, noch mal, als Zusammenfassung: Halte erst mal alles für selbstverständlich, was die anderen für dich machen und dann als zweites, kritisiere sie sogar, am besten öffentlich, für etwas, was sie eventuell besser hätten machen können. Glaube es mir, es handelt sich um eine sichere Strategie unbeliebt zu werden, und früher oder später unglücklich zu sein. Großartig, nicht wahr? Hey, es funktioniert immer besser. Denke dich unglücklich und handele entsprechend.

#24 Sei unfreundlich

Wenn du schon alle Menschen für idiotisch, unfähig und bescheuert hältst, solltest du das auch unbedingt zum Ausdruck bringen. Denn dieses Feedback ist möglicherweise Gold wert! Okay, ich korrigiere mich an dieser Stelle: Dieses Feedback **ist** Gold wert. Wenn jemand dich anlächelt, verziehe das Gesicht und dreh dich um. So ähnlich kannst du dich auch verhalten, wenn jemand sich bei dir bedankt. Freundlich sein ist nur oberflächlich, falsch und wird generell überbewertet. Das Leben ist schon schlimm genug für Freundlichkeiten. Außerdem ist »freundlich sein« wie alles andere nur Definitionssache. Was du für freundlich hältst, findet jemand bestimmt als Unverschämtheit. Wieso dir den Kopf zerbrechen und überlegen, was und wie jemand etwas definiert? Für solche Gespräche sollst du nicht zur Verfügung stehen.

Wie oft im Leben: Je höher die Dosis, desto besser. Oder noch mal zum besseren Verständnis: Je mehr Unfreundlichkeit, desto besser für dein Ziel, unglücklich zu sein. Achtung, es sollte dir bewusst sein, dass freundliche Gesten Wohlbefinden und Zufriedenheit in dein Leben bringen können. Willst du das? Ich hoffe sehr, dass du das nicht möchtest? Oder?!

Setze diese fantastische Strategie unmittelbar um und du wirst nicht lange auf die ersten negativen Veränderungen warten müssen, die dich sicherlich unglücklich machen. Denke daran: je öffentlicher dein unfreundlicher Auftritt, desto wirkungsvolle die Ergebnisse.

#25 Sei süchtig, es anderen immer recht machen zu wollen

Sei immer, egal wie es dir geht oder was du möchtest, nur für die anderen da und mache dabei deine eigenen Bedürfnisse unsichtbar. Vielleicht kennst du ein Sprichwort: »Einem jeden Menschen recht getan, ist eine Kunst, die niemand kann.« Du kannst sicherlich zu dieser Person werden! Achte bei allem, was du machst, darauf, dass es Hauptsache den anderen gut geht. Was du willst oder fühlst ist zweitrangig. Bald wird diese Strategie die ersten Früchte tragen, denn du wirst sehr beliebt werden und dabei dich selbst aus den Augen verlieren, was dich schnell selbst unglücklich machen wird. Das hier ist eine sehr bewährte Strategie, die von Millionen von Menschen täglich, leider viel zu oft, unbewusst gelebt wird.

Möchtest du ein Beispiel? Na, bitte gerne: Biete deine Leistungen überall kostenlos an. Wenn du als Angestellter unterwegs bist, bedeutet es, dich in deiner Freizeit für die Kollegen regelmäßig, am besten selbstverständlich täglich, zu engagieren. Damit deine Kollegen, Vorgesetzten et cetera in der Hauptsache glücklich sind und du es denen recht machst. Opfere deine kostbare private Zeit dafür und vergiss deine Familie und Freunde. Bald hast du möglicherweise keine mehr, umso mehr kannst du es deinen Kollegen recht machen, indem du unentgeltlich für sie da bist.

Strebe es immer wieder an, es den anderen recht machen zu wollen. Es ist sagenhaft schön, die anderen von deinen Leistungen profitieren lassen zu wollen. Ein sehr wichtiger Faktor hier: Vernachlässige dich selbst dabei.

So kommt es zeitnah zu einer Win-win-Situation: Die anderen sind glücklich und du früher oder später unglücklich. Irgendwie phänomenal, stimmt's?

#26 Ich bin dann mal später glücklich …

Eines Tages möchtest du es dir schon gut gehen lassen. Zum Beispiel in einem Urlaub oder sogar in gefühlt vierzig Jahren, wenn du in Rente gehst. Am ersten Januar, wenn du mit dem Fitness-Training endlich mal anfängst und bald perfekt aussiehst. Und dann in der Zukunft wirst du bestimmt glücklich sein. Oder wenn du die Prüfung geschafft hast, endlich einen Traumpartner gefunden hast, das Haus abbezahlt ist, die Kinder aus dem Haus sind et cetera. Wie großartig ist das denn, dass dieser Zustand so leicht in die Zukunft zu verschieben ist! Finde dein Glück keinesfalls im Jetzt, viel besser: Verschiebe diesen Glückszustand in die Zukunft. Je weiter von heute entfernt, desto besser. Warum im Heute schon glücklich sein, wenn es auch eines Tages in der Zukunft geht. Dein Glück in die Zukunft zu verschieben, ist eine sichere Strategie, unglücklich zu bleiben, beziehungsweise zügig unglücklich zu werden. Wieso ist dies der Fall, wunderst du dich vielleicht? Die Aufschieberitis des Glücks ist eine gute Sache! Was ist, wenn das »Später« nie kommt?!

Wenn du das, was du eigentlich willst, immer wieder aufschiebst, dann wirst du es nie erreichen. Immer musst du noch irgendetwas schaffen oder es muss irgendetwas passieren, damit du dein Glück vermeintlich spüren kannst.

Außerdem steckt in der Prokrastination des Glücks noch ein weiterer Vorteil! Du hängst dein Glück an irgendwelche Ereignisse in der Zukunft, von denen du zwar glaubst, aber nicht weißt, ob sie dich am Ende glücklich machen. Erwischt, was? Denke dich doch unglücklich, es ist viel leichter und nachhaltiger als Ziel.

#27 Erwarte, dass andere dich glücklich machen müssen

Das ist eine meiner Lieblingsstrategien! Gib die Verantwortung für deine Laune immer (!) in die Hände anderer Menschen. Wenn sie deine Hoffnungen und Vorstellungen doch nicht erfüllen sollten, beschwere dich unmittelbar bei ihnen, bei deinen Freunden und Kollegen. Du darfst deinen Frust überall in die Welt streuen. Mache neue Bekanntschaften und lasse alle an deiner Leidensgeschichte teilhaben.

Du kannst auch ruhig erwarten, dass deine Eltern sich bei dir entschuldigen, dass sie dich nicht zum glücklichen Menschen gemacht haben, indem sie nicht alle (!) deine Wünsche in der Kindheit erfüllt haben und selbstverständlich es immer noch nicht tun. Schließlich sind sie deine Eltern und es ist ihre Pflicht, dich glücklich zu machen, unabhängig von deinem Alter.

Ein praktischer Tipp: Such dir eine Partnerin oder einen Partner und erwarte, dass sie oder er dir deine nicht vorhandenen Emotionen ausgleichen muss! Fordere sie oder ihn richtig. Wenn du ein Gefühl hast, dass du unglücklich bist, melde dich umgehend zu Wort und werde ruhig laut! Mit etwas Glück schaffst du es innerhalb weniger Wochen, verlassen zu werden. Natürlich bist du selbst nicht dafür verantwortlich, den Schlüssel zu deinem Lebensglück und Zufriedenheit in deiner Hand zu tragen. Die anderen warten nur darauf, dir behilflich zu sein. Mache es genau so und du wirst Erfolg haben: Unglücklichsein ist dir garantiert.

Das sensationelle an den Partnerschaften ist übrigens, dass sich nicht selten zwei finden, die ähnliche Themen in die Partnerschaft bringen und wenn es um mangelnde Selbstliebe geht, erwarten, dass die Partnerin beziehungsweise der Partner diese ausgleichen soll. Wenn du noch ein Single bist, suche dir auch gezielt solche Partnerschaften, damit dein Weg zum Unglücklichsein noch einfacher wird.

#28 Denk pessimistisch

Egal, ob ein wichtiges Gespräch ansteht oder du in den Urlaub fliegst, erwarte und stelle dir vor, dass nichts … absolut nichts, wie immer in deinem Leben, funktionieren wird. Dein Gepäck geht sicherlich verloren, das Zimmer ist viel zu einfach für so viel Geld, die Gäste sind schlimm und das Essen ist schrecklich. Das Wetter wird zu heiß, zu nass oder zu kalt sein. Wenn dann mindestens ein paar von diesen Punkten eintreffen, werde richtig sauer und schreie: Das habe ich doch gewusst!

Jetzt kommt eine kleine Herausforderung: Was machst du, wenn alles doch gut und positiv erscheint?! Überlege erst mal. Immerhin möchtest du doch mit diesem Buch etwas lernen und deine Kompetenzen steigern?

Also, wenn alles positiv ist, such dir irgendeine belanglose schlechte Kleinigkeit aus und mache sie GROSS! Setz deinen Fokus auf dieses Etwas. Ein Beispiel, weil wir Menschen am besten praktisch lernen: In deiner wunderschönen Suite, die du als Überraschung als Upgrade bekommen hast, ist alles gut, außer einem Kratzer im Boden neben deinem Bett. Jetzt sind die entscheidenden Fragen: Was sieht du in dem Zimmer? Das Schöne überall oder doch den Kratzer? Aha, erwischt, natürlich den Kratzer! Vertiefe dich unbedingt und mache aus dem scheinbar kleinen Kratzer eine Weltkatastrophe. Auf einmal siehst du in dem Raum nichts mehr, nur den Kratzer. Ist das nicht fantastisch? Unser Gehirn hilft uns ungemein, wenn wir etwas erreichen wollen.

Du kannst stolz auf dich sein und der ganzen Welt beweisen, dass die selbsterfüllende Prophezeiung funktioniert. Denk pessimistisch, es lohnt sich! Denn das führt dich ganz gewiss zu einem unglücklichen Leben, ohne viel Aufwand sozusagen.

#29 Lass das Geld die Macht über dein Leben übernehmen!

Kennst du folgendes Zitat? »Von dem Geld, das wir nicht haben, kaufen wir Dinge, die wir nicht brauchen, um Leuten zu imponieren, die wir nicht mögen.« Somit ist Unglücklichsein garantiert, wenn du so viele teure Kredite wie möglich aufnimmst, um deine »Träume« zu erfüllen. Welche Träume fragst du dich gerade? Na, dazu zu gehören zum Beispiel ein neues, cooles Auto, das neueste Handy, der Urlaub in die Karibik …

Heutzutage kann man zum Glück alles auf Kredit kaufen! Die Banken sind großzügig geworden und vergeben gerne Kredite. Noch einfacher kannst du eine Ratenzahlung direkt im Geschäft oder auch im Internetshop abschließen. Sei es eine Tasche, eine Uhr, der Urlaub, … alles ist willkommen. Hoffentlich bist du aktiv in sozialen Medien, denn dann gibt es noch einen Zusatz: Wenn du schon mal was teures auf Kredit gekauft und der Welt präsentiert hast, brauchst du beim nächste Mal unbedingt etwas anderes. Es wäre doch schlimm, ständig dieselbe Luxustasche zu posten. Was könnte die Welt dann denken? Ha, natürlich dass du nur eine hast und arm und uncool bist. Also, wenn schon, denn schon ... kaufe mehrere, egal, dass sie dich ein Vermögen kosten.

Kredite machen dich zum Sklaven von Banken und allein das ist schon Grund genug, sie aufzunehmen. Am besten machst du das, wenn du deinen Job überhaupt nicht magst, denn jetzt musst du viel mehr arbeiten, um diese Show zu finanzieren. Sehr gut ist es auch, wenn du die Stellen annimmst, die gar nicht zu deinen Qualifikationen und Erfahrungen passen. Täglich erlebst du das Risiko, entlassen zu werden. Und die Ängste, Kredite nicht zurückzahlen zu können, werden dich in den Wahnsinn treiben. Einfach, nicht wahr?

#30 Suche Anerkennung und Bestätigung ständig von außen!

Wo denn sonst fragst du dich? Richtig – von außen! Eine bewährte Strategie. Hier brauchst du allerdings sehr, sehr viel Geduld. Werde abhängig davon, was andere (dein Chef, deine Kollegen, deine Familie, deine Freunde, Nachbarn, et cetera) über dich denken oder sagen. Pass dein Verhalten immer so an, dass du glaubst, dass es anderen gefällt. Elegant habe ich an der Stelle das Wort »glaubst« hinzugefügt. Interessiert dich, wieso? Ganz einfach, das weißt du doch nicht, du glaubst es nur. Und dein Glaube ist passend zu der Programmierung in deinem Kopf. Wenn da nur lauter mangelhafte Programmierungen gespeichert sind, glaubst du, dass die anderen dich nicht mögen, unabhängig davon, was sie dir sagen. Großartig, oder?

Die Anerkennung und Bestätigung sollen und noch viel besser müssen nur von außen kommen. Werde richtig süchtig, das Lob von anderen zu bekommen und bitte vergiss alle schlauen Menschen, die behaupten, dass dein Selbstwert oder dein Selbstbild dein Thema ist. Sie haben keine Ahnung.

Merke: Die Anerkennung von außen ist wie eine Droge. Du brauchst immer mehr davon. Wie kommt es dazu? Wenn du andere kritisierst, dass sie dir nicht genug Anerkennung zeigen, verändern sie sich vielleicht tatsächlich und loben dich immer öfter. Nur tief im Inneren glaubst du es nicht und brauchst immer mehr Lob, weil alles Gute von dir gar nicht wahrgenommen wird. Das ist schon raffiniert. Suche nach Anerkennung von außen, es lohnt sich.

#31 Hab keine eigene Meinung!

Am bestem warte immer ab, was die anderen sagen und antworte schüchtern irgendwas Belangloses. Deine Meinung ist ja sowieso nichts wert und anstatt dich zu blamieren, bleib immer ruhig. Dann kannst auch nichts falsch machen. Noch besser: nicke verständnisvoll, wenn irgendjemand Autoritäres seine Meinung äußert, vollkommen egal, wie sinnvoll oder nicht diese ist. Manchmal gibt es doch Momente, in denen du unbedingt deine Meinung äußern möchtest. Tue es nicht. Egal wie schwer es dir fällt, sei stark, schluck diese runter. Es wird vielen gefallen und somit wirst du einige Freunde gewinnen. Okay, falsche Freunde, aber das ist bis auf Weiteres nicht schlimm.

Du wirst bald feststellen, dass es dich unglücklich macht, deine Meinung immer für dich zu behalten, und so hast du dein Ziel, unglücklich zu sein, schnell erreicht.

Es gibt noch eine andere nette Option, die Meinung für sich zu behalten. Du kannst die Meinung einer anderen Person annehmen, auch wenn es nicht deine ist. Indem du zum Beispiel so etwas sagst wie: »Ja, genau so denke ich auch.« Dies wirkt Wunder, mach es besonders bei Menschen, die du sowieso nicht ausstehen kannst und die aus deiner Sicht nur Schwachsinn reden. Werde zu ihrem Fan. Wieso ist diese Strategie so erfolgreich?

Na, ganz einfach: Du magst die Menschen nicht oder hasst sie sogar und dann, wenn du ihrer Meinung zustimmst, fängst du möglicherweise an, dich über dich selbst zu ärgern und deine Meinung so schmerzhaft runter zu schlucken, dass es dich nicht anders als unglücklich machen kann. Das ist ein sehr realistisches Ziel, einfach umzusetzen und mit großen Auswirkungen. Bleib am Ball, denk dich unglücklich!

#32 Andere müssen (!) die Welt so sehen wie du

Wenn du etwas für richtig oder falsch hältst, dann müssen die anderen das auch so sehen und Ende der Diskussion. Ein Beispiel: Wenn du es für unnötig ansiehst, dich zu bedanken, dann muss es genau so akzeptiert werden. Das ist doch so normal. Basta! Hast du politisch oder religiös irgendwelche bestimmten Ansichten? Auch das ist die einzige Wahrheit, die von allen anderen genau so, wie du es siehst, geteilt werden muss (!). Ohne wenn und aber. Tobe dich aus und zeige allen, dass du Ahnung hast. The stage is yours!

Vielleicht hast du schon mal Folgendes erlebt: Du warst von deiner Meinung überzeugt, bis jemand dir etwas vollkommen anderes gesagt hat. Vorsichtig hast du nach dem Gespräch recherchiert und festgestellt, dass du unrecht hattest. Lass es niemals dazu kommen und bestehe darauf, dass deine Meinung die einzig richtige ist. Am genialsten an dieser Lebenseinstellung ist die Situation, wenn du eine Stelle als Führungskraft hast. Deine Mitarbeiter werden dich nicht unbedingt lieben, aber was sollst, du bist nicht in der Firma, um zu heiraten.

Welche Konsequenzen hat so ein Verhalten? Genau die besten für dich und dein Ziel. Die Resonanz deiner Mitmenschen wird dir sehr bald zeigen, dass dich das Alleinsein höchstwahrscheinlich begleiten wird. Spätestens dann hast du dein Ziel »unglücklich sein« erreicht.

Sei stolz auf dich. Erinnere dich gerne, dass das alles so unspektakulär mit negativem Denken angefangen hat. Genauso veränderst du die Welt, Tag für Tag aufs Neue. Erlaube es keinem, dir zu widersprechen, alle müssen die Welt so sehen wie du!

#33 »Müssen«, eigentlich«, »aber«, »versuchen« et cetera sollen deine Lieblingsworte sein!

Vielleicht sind sie jetzt schon sehr präsent in deinem Wortschatz, vielleicht verwendest du diese noch unbewusst. Stelle sicher, dass du sie ab sofort häufig benutzt, denn sie wirken magisch. Wenn es dir noch nicht bewusst ist, beobachte Menschen in deiner Umgebung und dich selbst. Lege den Fokus diesmal auf die Sprache. Du wirst dich wundern, wie oft deine Kollegen oder Freunde etwas »müssen«. »Sollte«, »hätte«, »müsste« gehören auch zu den Spitzenreitern auf deinem Erfolgsweg zum Unglücklichsein.

Ein paar Inspirationen:
»Du musst hart arbeiten, um erfolgreich zu sein.« (Wenn du unglücklich sein willst, dann bitte unbedingt darauf achten, dass du »müssen« benutzt,

denn dies ist hier ausschlaggebend. Dazu noch »hart arbeiten«, denn dies klingt nach Stress.)

»Eigentlich mag ich meinen Job, aber ...« (Und uneigentlich? »Aber« ist auch ein Wunderwort, denn es beeinflusst stark, nämlich alles, was im ersten Teil steht.)

»Ich versuche dabei zu sein ...« (Wenn du sowieso keine Lust hast, sag es doch direkt.)

»Wir sollten uns wieder treffen ...« (Schon oft gehört und danach passierte wieder mal nichts ...)

Mach dich ruhig zum Opfer deiner Umstände. Diese Worte in Kombination mit anderen genialen Strategien unterstützen dich dabei, dich in die eine oder andere Ecke treiben zu lassen. Schritt für Schritt wirst du handlungsunfähig, hilflos und ohnmächtig. Genieße dieses Gefühl der erlernten Hilflosigkeit, die eine der besten Triebkräfte ist, deprimiert oder sogar depressiv zu werden.

Verlasse dich auf diese Aussage und du wirst dem bald zustimmen, wenn nicht jetzt schon: Dich unglücklich zu denken ist so einfach und unser Wortschatz ist unser täglicher Helfer und vertrauter Begleiter.

#34 Mache dir Sorgen, was andere über dich denken könnten

Bitte lasse deiner Fantasie freien Lauf, was andere über dich ständig denken könnten. Noch besser, ersetze »was andere über dich denken könnten« durch »was andere über dich denken«. Stell dir vor, dass andere sich nur damit beschäftigen, über dich zu lästern. Tag und Nacht und nur über dich. Jeder Blick, jedes Wort könnten dir Beweise liefern. Achtung, manchmal fragst du dich, ob das alles überhaupt stimmt? Klar kannst du dir nicht sicher sein, aber es ist bestimmt so. Mag sein, dass deine Kollegin dich letztens komisch angeguckt hat. Also glaub, dass sie dich nicht mag! Auf keinen Fall hat deine damalige Wahrnehmung irgendeine andere Bedeutung.

Vielleicht wurdest du schon mal von einem Freund beziehungsweise einer Freundin angesprochen, ob du das alles weißt oder nur glaubst? Was für ein Schwachsinn! Glauben **heißt** wissen, stimmt's? Keine Diskussion notwendig. Hast du dir schon mal Gedanken über den Unterschied zwischen »glauben« und »wissen« gemacht? Nein? Großartig. Dann soll es auch so bleiben, sonst kommst du auch auf für dein Ziel unproduktive Ergebnisse. Die Ergebnisse, die dein Leben in eine neue Richtung verändern können. Glückliches Leben ist eine Entscheidung, die du hoffentlich nicht verfolgst. Du hast etwas Besseres vor!

Suggeriere es dir regelmäßig. Früher oder später wirst du dadurch unglücklich. Gut gemacht!

#35 Du denkst sowieso, warum nicht gleich negativ?

Positiv zu denken ist definitiv eine Zeitverschwendung und – noch schlimmer – eine kontraproduktive Strategie, denn positive Gedanken können dich glücklich machen. Das willst du nicht wirklich, oder? Jetzt es ist so, dass wir Menschen ständig denken, die Antwort liegt also sehr nah – wieso nicht gleich negativ?

Bitte tue mir einen Gefallen und mache das JETZT, direkt nachdem du diesen Satz gelesen hast. Ja, du hast es richtig gelesen, ich meine wirklich jetzt sofort. Bitte verschiebe diese gute Gewohnheit niemals in die Zukunft, sonst wird es nichts werden. Sofort das Gelernte umzusetzen, ist die Lösung, dazu logischerweise Disziplin, damit du eine gewisse Nachhaltigkeit erreichtest. So wie Zähneputzen zu deiner täglichen Routine geworden ist, wird auch negativ zu denken dein wahrer Begleiter werden. Wenn du es so möchtest.

Klappt es sofort, bist du jetzt schon auf dem richtigen Weg, brauchst du noch Zeit, musst du noch viel mehr üben. Denn Übung macht bekanntlich den Meister.

So oder so, finde am einfachsten mehrere Gleichgesinnten, die ebenfalls negativ denken. In der Regel wird es dir ziemlich leicht und schnell gelingen, an die ersten Erfolge zu kommen, weil es noch nie einfacher war, unglücklich zu sein.

#36 Rege dich schnell und effizient auf!

Praktisch jede Sekunde liefert dir mindestens eine Möglichkeit, dich aufzuregen. Lerne es, von null auf hundert zu gehen und explodiere sofort. Schaue dich um und überlege dir mindestens drei Themen, worüber du dich jetzt aufregen könntest.

Zum Beispiel sind deine Fenster wieder dreckig geworden? **Der Regen ist eindeutig schuld daran!** Die Küche sieht wieder unaufgeräumt aus? Diese hast du doch gestern erst geputzt. **Selbst zu kochen hat dazu beigetragen, geh lieber essen, dann bleibt auch die Küche sauber.** Der junge Kollege hat schon wieder vergessen, wie sein Vorgang richtig funktioniert. **Es nervt, nur mit solchen unfähigen Leuten zusammen zu arbeiten!** Von täglichen Verkehrssituationen abgesehen! Und dabei ist egal, wie du reist, ob mit dem Auto (Staukatastrophen) oder mit dem Zug (nur Verspätungen) oder mit dem Fahrrad (fiese Autofahrer machen dein Leben schwer).

Du merkst, es ist sehr einfach, einen Grund zum Aufregen zu finden. Wieso machst du es nicht und sitzt so entspannt da, während du diese Zeilen liest? Oder steigt dein Puls doch langsam und wenn es so weiter geht, explodierst du gleich?

Am besten ist, wenn du noch viele Menschen in deiner Umgebung involvierst. Sei achtsam bei der Auswahl dieser Menschen, denn manche sind schon so verdorben, dass sie nur entschleunigt und entspannt leben. Sie zurückzugewinnen kann oft schwer sein! Deutlich effektiver und effizienter ist es, wenn du dir Menschen aussuchst, die du leicht triggern kannst. Genau hier erlebst du deinen Spaß. Solche Menschen erkennst du schnell. Das sind die, die den Ärger überall suchen. Der Ausdruck ihrer Gesichter und ihrer Kommentare helfen dir dabei!

Bitte denke daran, dass Entspannung dich glücklich machen kann. Meide sie unmittelbar bei den ersten Anzeichen!

#37 Entschleunigung und Achtsamkeit sind höchst gefährliche Trends

Der Duden beschreibt Entschleunigung als »gezielte Verlangsamung einer (sich bisher ständig beschleunigenden) Entwicklung, einer Tätigkeit oder Ähnlichem«. Verlangsamung? Geht's noch? Höher, größer, schneller – das Denken in Komparativen muss dein Antrieb sein. Entschleunigung ist nur für faule Menschen.

Hier ist noch ein Upgrade, nur für dich: Am höchsten, am größten, am schnellsten soll alles sein, was du anstrebst. Lerne, in Superlativen zu denken! Versuche, deinen Job, deine Familie, deine Hobbys (such dir am besten noch ein paar weitere Hobbys, Quantität ist alles!) zu berücksichtigen. Lebe dein Leben, als ob du auf der Überholspur auf der Autobahn unterwegs bist. Ohne Geschwindigkeitsbegrenzung, gib Gas! Beschleunigung ist das Zauberwort.

Lass es niemals zu, so tief zu fallen, zu entschleunigen! Gib immer mehr Gas.

Achtsamkeit ist der nächste Trend, von dem du Abstand nehmen sollst. Achtsamkeit bremst dich aus. Das ist so etwas, wie der Versuch mit angezogener Handbremse auf der Autobahn zu fahren. Du kennst dein Auto und weißt, dass es schnell fahren, fast fliegen kann … aber die Achtsamkeit und Entschleunigung sind eben die Bremse und das nervt, nicht wahr?

Diese zwei, sozusagen im Doppelpack, sind genial, besonders in Kombination mit den anderen Tipps hier und führen dich garantiert zum Ziel, unglücklich zu sein.

#38 Lebe niemals im Hier und Jetzt!

Kennst du den Spruch: »Glückliche Menschen leben heute. Unglückliche entweder gestern oder morgen.« Damit ist alles gesagt.

Vielleicht fragst du dich wie das gehen soll? Ich sag's dir: Im Hier und Jetzt leben die meisten Menschen höchstens körperlich, aber mental sind sie ganz woanders. Erwischt? Dann scheinst du schon etliches richtig zu machen. Wie du schon ein paar Mal hier mitbekommen hast, ich liebe es, die Theorie praktisch zu erklären, von daher ein Beispiel für dich: Dein Körper sitzt im Meeting und schaut den Kollegen an, der redet, aber dein Geist ist auf keinen Fall im Hier und hört gar nicht zu, sondern ist bereits im nächsten Meeting oder schon im Feierabend, vielleicht auch im Wochenende oder noch weiter entfernt irgendwo am Strand? Und so geht es weiter und weiter.

Nimm dir bitte jetzt kurz Zeit und mach dir Gedanken, wie es bei dir aussieht. Fündig geworden? Großartig! Falls nicht, bleib etwas länger bei dieser Aufgabe.

Wichtige Zusatzinfo: Wenn du sowieso schon gedanklich im Gestern oder Morgen lebst, dann tauche bitte in negative und schlimme, am besten natürlich in ganz schlimme Erlebnisse ein, aktiviere die Emotionen dazu und erlebe sie immer wieder aufs Neue. Aktiviere deine Sinne (Sehen, Hören und Fühlen ... zumindest diese drei).

Die Zukunft darfst du dir richtig schwarz ausmalen und so wird sie hoffentlich auch werden. Unglücklich sein ist dir so garantiert! Dich unglücklich zu denken ist viel einfacher, als du möglicherweise dachtest.

#39 Kommuniziere unklar. Je unklarer, desto besser!

Mag sein, dass du überzeugt bist, dass du klar kommunizierst. Immer. Aus deiner Sicht natürlich sehr klar. Zum Glück erlebst du die Ergebnisse oder wie deine »klare« Kommunikation rüberkommt, live an der Reaktion deines Gegenübers. Gibt es Missverständnisse? Dann mach genauso weiter, denn möglicherweise kommunizierst du doch nicht so klar, wie du denkst. Es ist eigentlich ganz einfach, allerdings ein Geheimtipp, denn unklare Kommunikation sorgt für Missverständnisse und Konflikte.

Praktisch lernt man am besten, deswegen direkt ein Beispiel: Die Vorgesetzten haben die Mitarbeiter dazu aufgefordert, »besser zu kommunizieren«. Eine ganz klare Aussage, nicht wahr? Nun, was ist denn »bessere Kommunikation«? Einer versteht darunter, ab sofort mehr schriftlich zu machen, das heißt mehr E-Mails zu schreiben, der andere geht von Telefonaten aus, weil er im Gespräch besser kommuniziert. Der dritte meint, dass es bedeutet, nur zu reden, wenn es wirklich nötig ist: klar, kurz und präzise.

Jetzt eine kleine Aufgabe für dich: Wer von den Dreien hat recht? Natürlich alle, denn jeder von den Dreien hat »besser kommunizieren« auf seine eigene Art und Weise interpretiert und hat somit recht. Stell dir vor, welche Schwierigkeiten hier täglich im Unternehmen entstehen können. Ergo: unklare Kommunikation hat viel Konfliktpotenzial.

Also bemühe dich: Verwende viele Generalisierungen und sorge für Verwirrungen. Übrigens, noch ein Bonus für dich an dieser Stelle: Wenn du die Menschen nicht überzeugen kannst, verwirre sie und zwar bewusst! Unbewusst passiert es dir öfter als du es dir vorstellen kannst. Sind das nicht die besten Voraussetzungen, um unglücklich zu sein? Volltreffer, ja!

#40 Strebe an, ein Perfektionist zu sein!

Gut ist nicht gut genug, du musst perfekt sein! Lass mich mal raten, es ist dir noch nie gelungen, perfekt zu sein? Dann hast du dich nicht genügend bemüht. Perfektionismus ist ein Fass ohne Boden. Glück für den Weg zum Unglücklichsein. Okay, irgendwo möchtest du anfangen. Wie wäre es damit: Versuche alles, was du vorhast, perfekt zu machen.

Ein Beispiel: Seit Wochen bereitest du eine wichtige Präsentation vor, die du logischerweise perfekt liefern möchtest. Aber: Was ist perfekt? Gestern hast du dir die Texte noch einmal angeschaut und dabei festgestellt, dass sie zu lang sind. Also, noch nicht perfekt. Nach langem Hin und Her hast du dich vor Tagen schon für bestimmte Grafiken entschieden, vorgestern einen Kollegen um Rat gebeten und er hat dir empfohlen, andere Grafiken zu nehmen. Nun, hast du dich entschieden, eine nette Kollegin zu involvieren. Zu deiner Enttäuschung war auch sie nicht mit deiner Idee konform und hat dir etwas vollkommen anderes angeraten, damit deine Präsentation perfekt ist. Eine perfekte Folienanzahl zu finden, ist ebenfalls sehr schwierig, weil da jeder eine andere perfekte Lösung hat. Und überhaupt: PowerPoint? Frei reden? Was ist denn perfekt? Auch hier unterscheiden sich die Meinungen sehr gravierend. Weiter: Sachlich bleiben oder doch geschäftlich locker? Drei deiner befragten Kollegen haben unterschiedliche Antworten dazu. Und wieder bist du im Stress! Wie bloß kannst du eine perfekte Präsentation vorbereiten?

Achtung, die Erfahrung zeigt: Je mehr du versuchst, im Leben alles perfekt zu machen, desto unglücklicher bist du. Das Wort »versuchen« passt hier genial, denn es impliziert schon, dass es dir nicht gelingen wird. Egal, versuch es trotzdem! Zudem involviere bitte viele Menschen und frage sie nach ihrer Meinung, dann erhältst du genauso viele verschiedene Antworten. Stress pur! Beweise es allen, dass deine Lebensaufgabe darin besteht, ein Perfektionist zu sein. Strenge dich an, du wirst es schaffen! Perfekt zu sein sicherlich nicht, dafür aber unglücklich. Genau das, was du auch willst.

#41 Dankbarkeit ist gefährlich!

Dankbarkeit wird dich glücklich machen, deswegen Finger weg und sei viel lieber undankbar für alles, was du nicht hast. Denn wen interessiert, was du schon hast!? Es gibt unheimlich viel, wovon du noch nichts oder aber zu wenig hast. Deine Mitmenschen stellen immer wieder die von ihnen beliebte Frage: Ob du all die materiellen Dinge überhaupt brauchst oder in anderen Worten ob ein einfaches Leben, Minimalismus oder Downshifting nicht die Lösung wären? Die Lösung wozu?! Bitte lass dich nicht von solchen Ideen beeinflussen, sie gehen in die vollkommen falsche Richtung: Glücklichsein. Somit wirst du eine mühsame Umleitung nehmen müssen, dann lieber doch die Abkürzung: direkte Undankbarkeit für alles!

Schnell ist deine Laune verdorben und du bist unglücklich in Sekunden! Klasse, nicht wahr?

Ein Geheimtipp für dich! Dein Fokus ist entscheidend. Nur mal angenommen, du hast einen guten Job, die Bezahlung passt und eigentlich kannst du doch dankbar dafür sein, aber (!) dein Fokus wandelt jetzt unmittelbar auf den Weg zur Arbeit, der eine ganze Stunde beträgt! Ist das nicht schlimm? Was für eine Zeitverschwendung, ja du vergeudest deine kostbare Zeit im Auto, verbringst Stunden im Stau und kennst alle Ampeln der Stadt auswendig. Das nervt einfach nur und wie magisch ist alles andere (positive) weggefegt, nicht wahr?

Huh, ist das genial. Undankbar zu sein ist dein wahrer Begleiter auf dem Weg zum unglücklich sein. Lass dich nicht davon abhalten, du bist schon weit gekommen, mach weiter so!

#42 Schaue dich im Spiegel an und mach dir bewusst, was alles an dir nicht stimmt!

Davon, das garantiere ich dir, gibt es sehr viel. Bei manchen sogar alles! Wenn nicht, dann hast du dich noch nicht ganz genau und kritisch betrachtet.

Ob zu glatte Haare oder große Ohren. Nicht zu erwähnen eine krumme Nase oder sogar ungleich große Augen. Abgesehen von deinem Gewicht: sicherlich zu dick oder schon fast zu dünn. Schrecklich! Und nicht zu vergessen: die Falten. So kannst du dich nirgendwo sehen lassen. Investiere das ganze Geld, was du hast oder sogar noch mehr, in Kosmetikprodukte oder noch besser, werde Stammgast in Beauty Salons. Lass dir alles mit Chemie vollspritzen und krieg nie genug davon, denn perfekt wirst du **nie** aussehen! Es gibt zum Glück immer neue Trends, die dir deine Macken elegant präsentieren und dich täglich in den Medien daran erinnern. Wozu meinst du sonst ist die Werbung da? Na klar, um dir zu zeigen, was alles an dir nicht perfekt ist und um dir fantastische Lösungen anzubieten, die wiederum nur die Firmen selbst bereichern, weil diese besagten Lösungen oft nur leere Worte sind und manchmal sogar schädlich für deinen Körper erscheinen.

Ein Hoch auf die Optimierungsindustrie! Das sind deine wahren Helfer auf dem Weg zum unglücklich sein. Wieso unglücklich? Ähnlich wie beim Perfektionismus: Solange du nur an deinem Außenbild arbeitest, wirst du immer weitere Baustellen finden und daran hart arbeiten müssen, was dich auch viel Geld kosten wird.

Fantastisch einfach ist der Weg zum Unglücklichsein, der täglich mit einem Gedanken anfängt. Bleib dran.

#43 Kaufe viel, am besten auf Kredit!

Unglückliche Menschen kaufen sehr viel, sagt die Psychologie. Warum das Gegenteil beweisen, wenn die Strategie so leicht ist? Am besten kaufst du Dinge, um andere zu beeindrucken. Ich garantiere dir, dass es immer irgendjemanden gibt, der oder die doch noch mehr hat! Zack! Unglücklich.

Na gut, wenn du dich jetzt fragst, wie du dieses ganze Unnütz finanzieren sollst, weil du schon sowieso am Existenzminimum lebst, ist die Antwort wieder mal genial einfach: Natürlich auf Kredit! Erfreulicherweise geht es heute so schnell und einfach wie nie: ob ein neues Handy, eine Designer-Handtasche für ein paar Tausend Euro, teure Schuhe oder ein Urlaub: Alles geht auf Pump! Genial, oder? Es ist noch nicht mal schwer, die Geschäfte haben ihre gut ausgebildeten Mitarbeiter, um dich davon zu überzeugen.

Ein Tipp, manchmal wenn du gleich zwei Sachen kaufst, könntest du einen geringen Rabatt bekommen. Schlage zu, denn morgen ist die Kollektion vielleicht schon ausverkauft und du gehst leer nach Hause.

Die Einflüsse von sozialen Medien sind heutzutage enorm und helfen dir sicherlich weiter auf dem Weg zu deinem Ziel: Unglücklichsein. Sie liefern sogar noch ein Bonuspunkt: Wenn du schon Bilder postest, dann bitte niemals (!) im gleichen Outfit! Wie peinlich wäre das denn? Die ganze Welt wird sofort erkennen, dass du nur diese wenigen Kleidungstücke hast und dies darf einfach nicht passieren. Kredite sind deine einzige Lösung.

Kauf bitte so viel ein, dass du es kaum finanzieren kannst. Das erzeugt Stress und so denkst du dich nachhaltig unglücklich.

#44 Lerne, der unwichtigste Mensch in deinem Leben zu sein!

Erhebe alle anderen, wer auch immer das sein mag, über dich und verhalte dich dementsprechend. Dazu gehört immer auch »ja« zu den anderen zu sagen, und sich selbst vollkommen zu vergessen, als würdest du gar nicht existieren. Als wärst du nichts! Hey, vielleicht lebst du es schon, wenn nicht, jetzt ist die einmalige Gelegenheit, anzufangen dein Leben zu verändern. Und zwar heute! Warum warten? Die Zeit vergeht wie im Flug und jeder Moment zählt.

Betrachten wir es mal praktisch: es geht Richtung Spätnachmittags und du planst schon lange, ins Fitnessstudio zu gehen (abgesehen davon, dass

Fitness sowieso nur kontraproduktiv für dein Ziel ist, du erinnerst dich: Fitness und Sport können dich glücklich machen), kommt ein Kollege zu dir und bittet dich, noch etwas Dringendes zu machen. Sag schnell »Ja«. Wieso? Alles: Dein Kollege, seine Aufgabe, dein Job, was auch immer, sind mit Abstand wichtiger als du mit deinen Wünschen und Bedürfnissen. Dabei kannst du dich ruhig über dich selbst ärgern. Mit etwas Glück spricht sich deine Einstellung herum und weitere Kollegen stehen bald in der Tür mit der Frage nach einem kleinen Gefallen und mit einem Hundeblick. Schon wieder ein klares »Ja« von dir. Nächster Vorteil ist, dass du auf diese Weise immer beliebter wirst. Die anderen werden immer wichtiger und du immer unwichtiger. Zu Hause darfst du deinen Frust richtig rauslassen: An den Kindern, dem Partner beziehungsweise der Partnerin, den Nachbarn, den Eltern et cetera. Praktisch alle sind bestens geeignet!

Dich in deinem eigenen Leben unwichtig zu denken, ist ein sicherer Weg, unglücklich zu sein.

#45 Beneide andere Menschen!

Neide, egal was: Geld, berufliche Erfolge, Familie, Gesundheit, Intelligenz, Aussehen et cetera. Sei neidisch auf deine Mitmenschen. Sei einfach kreativ und finde heraus, wer mehr Glück als du selbst im Leben hat. Dann stell dir bildlich vor, was für ein armes Würstchen du doch bist. Sehr schnell bist du unzufrieden und möglicherweise auch schon unglücklich. Wenn noch nicht, intensiviere diese Strategie.

Wichtig dabei ist folgendes: Bei anderen sieh bitte bloß die Erfolge und blende sonst alles andere aus. Egal wie lange oder hart sie daran gearbeitet haben oder auch, wie oft sie gescheitert sind. Egal, wie viele Tränen bei ihnen geflossen sind und wie oft sie vielleicht verzweifelt waren. Alles egal, außer ihre Erfolge, die du als Erfolge wahrnimmst oder interpretierst. Sieh nur die Endergebnisse, aber nicht den Weg dorthin. Das ist ein bisschen wie im Sport: Wenn du dort nur die Gewinne betrachten würdest, Monate und Jahre harter Arbeit, Schmerz und Verzweiflung würden dann gar nicht existieren. Das ist relativ einfach, denn darüber wird selten gesprochen und wenn schon, dann kannst du das ausblenden!

Am besten such dir Menschen aus, die Außergewöhnliches erreicht haben und beneide sie im Glauben, dass nur sie Glück im Leben hatten, nicht so wie du. Das kannst du nicht wissen, aber egal, glaube das und so wird es auch sicherlich sein. Zumindest in deinem Kopf.

Andere Menschen zu beneiden, ohne für deine Ziele täglich etwas zu unternehmen, ist eine erstklassige Strategie dank deines mangelnden Erfolgs unglücklich zu sein. Lies dir diesen Ratschlag bitte noch einmal durch und verinnerliche jedes Wort.

#46 Erwarte und visualisiere das Schlimmste!

Am besten mach das mit vielen Sinnen:
Visuell: Sieh das Elend deines Lebens. Egal wie klein deine Vorstellung erst mal ist, mache sie größer. Beobachte, wie das Schlimme immer schlimmer zu werden scheint.

Auditiv: Höre zu, wie das Drama klingt und mach den Ton richtig laut in deinem Kopf. Es geht sicherlich noch lauter, nicht wahr? Probier es aus – immer lauter – bis dein Kopf fast platzt.

Kinästhetisch: Fühle, wie schlimm das Leben ist, in deinem ganzen Körper ... lokalisiere das schlimme Gefühl im Körper und wenn es sich doch nur irgendwo klein meldet, lass es sich ausbreiten und die Kontrolle übernehmen.

Manchmal können dir visuelle Vorstellungen hilfreich sein, mit denen du dir dein Gefühl ausmalst. Hilfreiche Fragen dazu könnten sein:
Wenn dein Gefühl eine Form hätte, welche wäre es? (Zum Beispiel ein Auto.)
Wenn dein Gefühl ein Auto wäre, wie groß wäre es? (Beispielsweise klein wie ein Mini.)
Wenn dein Klein-wie-ein-Mini-Gefühl eine Farbe hätte, welche wäre es? (Zum Beispiel Grau.)

Du kannst ruhig weitere Fragen stellen und dann schauen, wie du dein Gefühl verändern könntest, um es stärker und kräftiger auf dich wirken zu lassen. Frage zum Beispiel der Temperatur et cetera. Experimentiere mit deinem Gefühl so lange, bis du eine optimale Horrorvorstellung designt hast und dann speichere das schlimme Gefühl irgendwo im Körper, damit du es im Alltag schnell abrufen kannst.

Ich garantiere dir, dass all diese Tipps sehr leicht umzusetzen sind und du sie schon längst in akuten Situationen verwendest. Deine Ergebnisse werden grandios sein! Unglücklich zu sein, war noch nie so einfach. Auch du schaffst es!

#47 Sei der Pechvogel mit einem Pechvogel-Journal!

Nimm alle unglücklichen Momente wahr und schreibe sie am besten in einen Pechvogel-Journal. Wieso aufschreiben? Wenn du es nicht tust, vergisst du diese wertvollen Momente oft. Bring sie auf Papier, verfestige sie sozusagen und erinnere dich immer wieder, was für Pech du schon hattest. An manchen Tagen, wenn es dir schwerfällt unglücklich zu sein, weil da vielleicht zu viel Sonne in deinem Leben scheint, kannst du deine eigenen magischen Notizen rausholen und aufmerksam durchlesen. Damit kannst du dich vergewissern, wie schlimm dein Leben ist. Jedes Papierformat ist gut dafür geeignet. Noch besser: Mach dir zusätzlich Notizen in deinem Smartphone, denn dies hast du hoffentlich immer dabei und der Zugriff auf deine Wunderpille ist gesichert. Jede Kleinigkeit, bei der du

Pech hattest, zählt und ist es wert, aufgeschrieben zu werden. Du wirst dich selbst bald dafür bedanken. Es lohnt sich, die Pechmomente täglich Revue zu passieren und aufzuschreiben. Wie immer gilt: Übung macht den Meister. Das Pechvogel-Journal macht Spaß und garantiert dauerhafte Erfolge.

Ein Upgrade wäre, eine Pechlesestunde für deine Freunde anzubieten. Dafür eignen sich Partys aller Art am besten. Hol bei jeder Gelegenheit dein Meisterwerk raus und lies daraus. Du sammelst Aufmerksamkeit, Mitgefühl und dabei inspirierst du die Menschen, auch ihre Pechgeschichten zu teilen.

So werdet ihr ganz leicht gemeinsam den Weg des Pechs laufen ... Schritt für Schritt erreicht ihr zusammen etwas Großes. Verändere die Welt, fange bei dir selbst an!

#48 Was immer geschieht, sieh darin das Negative!

Das Negative in sowieso Negativem zu sehen ist easy. Besonders schwer ist es in positiven Ereignissen, denkst du jetzt, richtig? Das ist leichter als du es dir vorstellst und alles andere wäre einfach zu rosig und naiv.

Machen wir es praktisch: Du wurdest endlich befördert und eigentlich freust du dich so richtig. Jetzt – nun Achtung (!) – mit der gelobten Beförderung kommt leider auch viel mehr Arbeit und ganz schlimm: viel mehr Verantwortung. Ab jetzt musst du noch mehr Entscheidungen treffen und damit aus deiner Komfortzone raustreten. Ist das genau das, was du wolltest? Eigentlich schon, aber (!) uneigentlich? Siehst du, habe ich zu viel versprochen, dass das Negative sogar überall in vermeintlich Positivem einfach zu sehen ist?

Die Beförderung kann viel bedeuten, auch zum Beispiel längere Zeiten im Büro und viel mehr Reisen, was wiederum bedeutet, dass du immer weniger zu Hause bist. Dein Leben kann eine virtuelle Richtung annehmen, indem deine Kinder dich nur im Display ihres Smartphones sehen. Das Leben fließt an dir vorbei und früher oder später erkennst du, dass irgendetwas Essenzielles in deinem Leben fehlt. So könnte die andere Seite der Beförderung aussehen, vielleicht sind die Details anders selbstverständlich. Die Kernbotschaft ist: Sieh überall das Negative!

Sei achtsam mit deinen Gedanken und verbanne alles Positive aus deinem Kopf. Dich negativ zu denken ist die Lösung. Mach was dafür! Von nichts kommt nichts, sei es dir bewusst.

#49 Unglücksgefühle sind kein Zufall!

Ja, du hast es richtig gelesen: Unglücksgefühle sind eine Folge der richtigen Gedanken und Handlungen. Also brauchst du eine Strategie! Wenn du keinen Plan hast, tauchen irgendwelche Gedanken, manchmal auch positive, leider ..., in deinem Kopf auf und können sich dort selbstständig machen. Das sind die sogenannten Gedanken, die dort im Kopf unbewusst aktiv sind. (Mach dir Gedanken über deine Gedanken und überlass nichts dem Zufall.)

Das wäre schlimm und kontraproduktiv. Merke es dir gut und bleibe bewusst am Ball. Lies diese Tipps mehrmals täglich und setze sie umgehend um. Im Idealfall lehrst du diese unschlagbar wertvollen Strategien allen Menschen in deiner Umgebung, denn Bildung ist alles! In der Regel werden wir besser, wenn wir die Strategien erst mal selbst umsetzen und selbstverständlich unsere Umgebung damit beeinflussen. Werde zu einem Vorbild!

Nutze Soziale Medien und starte dort entsprechende Kampagnen, oder in einfachen Worten: Poste deinen Frust dort mehrmals täglich und so erweiterst du deine Reichweite. Auf einmal erreichst du nicht nur Menschen in deiner unmittelbaren Nähe, sondern auch weltweit! Think Big kann hier eine neue Bedeutung bekommen.

Es gibt immer noch genug ahnungslose Menschen da draußen, helfe ihnen allen. Du bist auf einer Mission, so solltest du es sehen, und die Menschheit braucht eine gute Aufklärung.

#50 Erinnere dich gerne an etwas Negatives!

Such dir in Gedanken ganz bewusst Situationen, in denen du dich schlecht gefühlt hast und lerne, die negativen Gefühle abzurufen, indem du dich auf diese negativen Gefühle konditionierst. Mit etwas Übung wird dir dies immer leichter fallen, vor allem wird es immer schneller gehen. Konditionierung ist ein sehr wertvolles Tool.

Deine negative Erinnerung muss noch nicht mal sehr schlimm sein: Aus einer Banalität kannst du mit etwas Übung auch ein Drama machen. Hast du dich eben erwischt? Bist du schon fit in negativen Erinnerungen, die in deinem Kopf kreisen oder kannst du leicht aus einer Mücke einen Elefanten machen? Wenn ja, feiere dich! Wenn nein, übe täglich und optimiere diese machtvolle Strategie. Lerne es, dich gerne an etwas Negatives zu erinnern: Du bist auf einem guten Weg, unglücklich zu sein.

Ein kleines Beispiel: Du fährst im Auto und suchst einen Parkplatz. Du hast schon ein paar Runden gedreht, noch ohne Erfolg. Erinnerst du dich, wie du vor zwei Jahren fast eine ganze Stunde gesucht hast und dann im Parkhaus für viel Geld geparkt hast? Diese Frustration von damals kommt gerade langsam in dir hoch und du glaubst auch jetzt, dass du wieder wütend wirst. Weißt du noch, wie wütend du damals warst? Du hast die ganze Welt gehasst! Diese Ungerechtigkeit, nicht genug Parkplätze und die Falschen finden immer einen! Unfassbar unfair! Na, merkst du schon langsam, wie dein Pulst steigt und dein Gesicht rot wird? Die Spannung im Kopf ist präsent, das hat dir noch gefehlt.

Deine Erinnerung von damals wirkt Wunder, denn im Kopf entstehen gerade Emotionen, die sich real anfühlen und dich unglücklich machen. Dann machst du doch alles richtig! Gratulation! Sei stolz auf dich und denk dich weiter unglücklich.

#51 lerne es, dich selbst abzulehnen!

Es ist relativ leicht und führt zu dem schnellen Ergebnis: Unglücklich sein. Dein Denken beeinflusst deine Handlungen und Ergebnisse. Lehne dich ab, in jeder Situation, sowohl privat als auch im beruflichen Kontext. Geringe Selbstachtung und geringes Selbstvertrauen sind deine kleinen Helfer mit großer Auswirkung. Entwickle ungute Gefühle und hab davor ständig Angst. Was auch immer irgendwo Schlimmes passiert, lerne zu glauben, dass du schuld daran bist. Merke es dir: Selbstakzeptanz und Selbstliebe sind kontraproduktiv, verbanne jegliche Gedanken dieser Richtung. Mach dich nieder und drücke so oft es geht aus, dass du dich schlecht findest. Mach diese Impulse zu deinen täglichen Begleitern, denn nur du kannst dich negativ denken.

Kennst du dieses Gefühl, nicht gut genug zu sein? Mag sein, dass dieses Gefühl schon tief in dir verwurzelt ist. Vielleicht gehörst du zu den Menschen, die glauben, dass etwas mit ihnen nicht stimmt, nur sie wissen nicht, was es sein könnte und daher lehnen sie sich permanent ab. Lerne, dich minderwertig und nutzlos zu fühlen. Selbstbestrafung ist eine optimale Strategie auf deinem Weg zum Unglücklich-sein, sie quält dich nur. Genau das brauchst du.

Wie sieht denn die Ablenkung aus? Wie lernst du, mit Traurigkeit, Angst, Schmerz, Selbstzweifel oder Neid umzugehen? Ganz einfach: Identifiziere dich mit deinen Gedanken und Gefühlen. Sei die Angst, der Zweifel, der Neid et cetera selbst.

Erzähl dir täglich, wie unattraktiv du bist, am besten schon direkt nach dem Aufstehen, damit deine Laune schon morgens schlecht ist. So wird dein Tag mit großer Wahrscheinlichkeit richtig schlecht verlaufen und am Ende wirst du dich komplett leer und energielos fühlen, das ist die beste Voraussetzung, um unglücklich zu sein. Und alles dank deiner Gedanken! Großartig, oder was meinst du?

#52 Isoliere dich

Hab keine Freunde und leb am besten zurückgezogen. Freundschaften machen glücklich, also bleib lieber allein. Soziale Kontakte sind ein großes Hindernis auf dem Weg zu deinem Ziel: unglücklich sein. Merk dir das! Beruflich ist dieser Tipp genauso zu beachten wie privat: Sei ein Einzelgänger und meide alle Kontakte zu Kollegen, Vorgesetzten und Kunden. Bleibe auch hier zurückgezogen. Wenn du dich sozusagen abkapselst, hat es mindestens einen Vorteil: Keiner kann dir was antun und dich verletzen.

Ja, mentale Verletzungen sind schlimm, erinnere dich gerne daran, wie oft es schon in deinem Leben geschah und es ist auch vollkommen egal, ob diese mentalen Verletzungen nur deine eigenen Gedanken waren. Wusstest du schon, dass die häufigste Ursache der meisten Krankheiten Einsamkeit ist? Wie kommst du dahin? Indem du dich isolierst und dir deine Einsamkeit immer wieder vor Augen führst. Keiner mag dich, keiner liebt dich und das unabhängig davon, ob du eine Familie hast oder nicht. Deinen Frust kannst du zusätzlich mit vielen ungesunden Sachen ausgleichen, wie falsche Ernährung, Nikotin, Alkohol, Shoppen et cetera. Die Liste ist zum Glück unendlich lang ... Und da der folgende Satz wichtig ist, wiederhole ich es noch einmal: Öffne dich niemals. Mit anderen zu reden, dich zu öffnen, macht dich angreifbar und verletzbar! Oder zumindest glaube das.

Denk dich unglücklich, du schaffst das! Wichtig ist, dass du nicht aufgibst, egal wie steinig der Weg ist. Bleib dran, egal wie schwer es dir fällt. Tausende Menschen haben es schon vorgemacht oder machen es gerade vor, auch du kannst dazu gehören. Dies ist deine Entscheidung!

#53 Wenn du einen Fehler bei anderen entdeckt hast, lass es ALLE wissen!

Blamiere diese Person richtig und stelle sie bloß, sonst wäre es eine Verschwendung deiner äußerst genialen Begabung, ein Besserwisser zu sein. Je mehr Show du daraus machst, desto erfolgreicher bist du auf deinem Weg: unglücklich sein. Was genau kannst du zum Beispiel unternehmen, wenn du gemerkt hast, dass jemand einen Fehler gemacht hat? Du kannst es ziemlich altmodisch machen: von Büro zu Büro gehen und davon mit Begeisterung erzählen. »Stell es dir vor, was er/sie gesagt hat! Das geht doch gar nicht et cetera. Wie schlimm für uns alle.« Eine schlimme Aktion wäre es mit dem Menschen, der aus deiner Sicht einen Fehler gemacht hat, direkt zu reden. Das ist doch blöd, oder? So etwas Sensationelles würde damit allen anderen vorenthalten bleiben! Das darfst du nicht zulassen!

Heutzutage haben wir diese tolle Erfindung: soziale Medien. Auch dort darfst du dich austoben und es alle wissen lassen, egal wie klein der Fehler war. Dazu gehören deine Kollegen, über die du hier auf der großen Bühne lästern kannst, genauso wie die Millionen an Unbekannten, deine Freunde, Follower, wie auch immer du sie nennst. Merkst du gerade, welch ein Potenzial du hast?!

Du wirst leicht beliebt werden, denn die Menschen beschäftigen sich unheimlich gerne mit Fehlern anderer und werden dir viel Zuspruch geben. In erster Linie wirst du glänzen und populär werden, langfristig gesehen wirst du dein Ziel, unglücklich sein, allerdings doch erreichen, weil du dich mit deinen eigenen Gedanken vergiften wirst. Es ist deine Wahl, sei achtsam mit deinen Gedanken und denke dich weiter unglücklich.

#54 Habe für jede Lösung ein Problem parat!

»Super, dieser Ratschlag ist gut«, denkst du? Und du hast recht. Die Welt braucht noch viel mehr Probleme und natürlich problemorientierte Menschen, denn ohne diese hätten wir auch nicht so viele Probleme. Wieso reden wir über die anderen, sei du selbst die Veränderung und habe für jede Lösung, aber wirklich für jede (!), ein Problem. Kennst du solche Menschen? Gehörst du selbst dazu?

Mache kurz einen Test, die Guten, egal, was sie hören, fangen meisten an mit: »Jaaaa, aber ...!« Danach kommt irgendetwas, was genau ist oft auch egal. Hauptsache dagegen. Egal, um was es geht, sei sofort dagegen. So fällst du garantiert auf. »Warum?«, fragst du dich? Falsch: Warum nicht?! Dann hast du mindestens zwei Optionen: deine wertvolle negative Meinung für dich zu behalten oder sie mit der Welt sofort zu teilen. Die erste Option ist zwar gut, weil sie dir selbst schadet, wenn du dich darauf sehr stark aufregst, dennoch ist die zweite noch ein bisschen besser. Und (!) es kommt meistens nicht nur darauf an, **was** du sagst, sondern **wie** du es sagst. Benutze eine aggressive, bestimmende und beleidigende Art mit deinen Mitmenschen zu sprechen, wenn du schon dagegen bist.

Das ist ein hoch effizienter Ratschlag. Du wirst überrascht sein, wie einfach es dir gelingt, dadurch unglücklich zu sein. Und merke es dir: Alles beginnt mit einem einzelnen Gedanken.

Am besten beschäftigst du dich mit Problemen rund um die Uhr. Möglicherweise hast du bald weder Partner noch Freunde. Es könnte eine rasante Abkürzung zu deinem Ziel, unglücklich zu sein, werden! Sei kreativ.

#55 Jede Veränderung ist einfach sch...limm!

Schüttelst du auch den Kopf, wenn du täglich von all diesen Veränderungen und ihrer Notwendigkeit hörst? Die Firmen sind überflutet mit Veränderungsbefürwortern. Wieso denn etwas verändern? Es läuft gerade besser denn je. Das alte System muss einfach bleiben, also bitte, setze dich dafür ein. Je lauter, desto besser. Für dich, logischerweise. Reg dich auf und zeige es allen!

Okay, ein Geheimtipp ... denk bitte daran, was genau bei einer Veränderung passiert? Richtig, du machst etwas, was ungewohnt ist und dabei verlässt du auch deine Komfortzone. Ungemütlich ist es dort draußen, nicht wahr? Du brauchst dich nicht verändern, denn da draußen ist Wachstum. Finde tausende Gründe, warum eine Veränderung doch schlecht ist und setze all deine Kraft dafür, dass alles beim Alten bleibt. Finde Follower, um gemeinsam gegen jede Veränderung zu kämpfen. Dies macht mehr Spaß und bringt bessere Ergebnisse.

Schwache, ängstliche Kollegen sind bestens als deine Follower geeignet, denn aus der Komfortzone würden sie ganz gewiss nicht gerne freiwillig gehen. Wenn doch, überzeuge sie, dass sie fatale Fehler begehen. Ob du damit recht hast oder nicht, ist erst mal egal. Hauptsache du schadest der oder bremst die Veränderung. Genau solche Aktionen sollen deine Mission werden. In Wirklichkeit ist es ziemlich einfach, du brauchst nur die richtigen Argumente und dann leg einfach los. Richtig zu argumentieren lernst du mit der Zeit.

Wenn du erkennst, dass dein Einsatz Früchte trägt, mach weiter so! Wenn nicht, lerne zu experimentieren und deine Argumente anzupassen. Vielleicht hat auch deine Oma folgendes gesagt: Es ist noch kein Meister vom Himmel gefallen. Der Satz ist immer noch aktuell!

#56 Sei passiv, höchstens reaktiv!

Während manche Menschen ihr privates und berufliches Leben aktiv oder proaktiv gestalten und möglicherweise dadurch erfüllt und glücklich sind, lerne aus ihrem Verhalten und warte passiv auf dein Glück. Wenn du passiv wartest, musst du früher oder später reagieren. Stell dir vor, du schreibst ein Buch, deine Biografie, aber außer deinem Namen oben auf dem Cover, ist in diesem Buch nichts original von dir. Jemand anderes schreibt dein Buch und interpretiert alle Details nach seinem Geschmack. Er fragt dich nicht mal, ob es für dich in Ordnung ist. Das gefällt dir nicht und du ärgerst dich, lässt aber den Ghostwriter weiter an deinem Werk basteln.

Oder vielleicht wird gerade ein Film über dein Leben gedreht und auch dort bist du nur ein Zuschauer, der über Unstimmigkeiten meckert. Das ist dein Leben, nur hast du leider, oder vielleicht zum Glück, keinerlei Einfluss. Du reagierst mit Entsetzen, bist enttäuscht. Ein proaktiver Mensch ist in erster Linie selbstständig und agiert, anstatt zu reagieren.

Also, du weißt was zu tun ist: werde bloß nicht aktiv oder proaktiv, denn das kann dein Leben in eine positive Richtung verändern. Das willst du doch nicht wirklich, oder? Kombiniere diese Strategie mit sofortigem Aufgeben und suche für deine Reaktivität immer wieder eine Ausrede. Selbstverständlich sind mehrere Ausreden noch deutlich besser auf deinem Weg, unglücklich zu sein. Reaktive Menschen suchen nach Problemen, auch als Verstärkung, gerne auch dort, wo es keine gibt!

Lerne passiv oder reaktiv in deinem Leben zu sein und sehr bald wirst du die ersten Früchte ernten: Unglücklich zu sein war noch nie so einfach! Auch du schaffst es!

#57 Setz IMMER alles auf das große Glück!

Ein Lottogewinn, der alle Probleme aus dem Weg räumt, dass du als Fernsehstar entdeckt wirst oder dass du durch eine kleine Investition plötzlich reicht wirst. Natürlich kannst du alternativ auch hoffen, dass sich ein Millionär beziehungsweise eine Millionärin unsterblich in dich verliebt und dir ein sorgenfreies Leben ermöglicht. Auch beruflich kannst du hoffen, dass du von null auf hundert einen Karrieresprung auf die Vorstandsebene machst. Am besten, ohne etwas zu leisten!

Wieso denn das kleine Glück genießen, wenn du lieber alles auf das große Glück setzen kannst? Diese Einstellung ist fantastisch, denn sogar im besten Fall, wenn deine Hoffnungen Realität werden sollten, wird die Euphorie sehr wahrscheinlich bald verschwinden und der Frust bleiben.

Möchtest du ein Beispiel? Bitte sehr: angenommen ein Millionär hat sich in dich verknallt und dein Leben scheint endlich mal gut zu laufen. Achtung an dieser Stelle, ein Vergleich mit anderen, viel wohlhabenderen Millionären ist angesagt! Dein Partner, der dir am Anfang reich vorkam, ist in Realität nur eine arme Sau, mit seinen fünf Millionen ist er gar nicht so attraktiv wie sein Nachbar, der vielleicht das Doppelte besitzt.

Also bitte, lerne, niemals mit dem, was du hast, zufrieden zu sein. Egal was es ist, das große Glück ist immer größer! Mag sein, dass dir das schon bekannt ist. Macht nichts, ich wollte nur auf Nummer sicher gehen und diese Strategie noch mal in deinem Kopf verankern. Und zack, wieder unglücklich, nicht wahr?

#58 Sei unglücklich, am besten im Hier und Jetzt!

Bitte denke daran: Morgen kannst du gestern nicht mehr nachholen. Und später kommt früher als du denkst. Und so vergeht dein Leben, lass Glücklichsein bloß nicht dein Leben ruinieren und bitte verschiebe dein Lebensziel, unglücklich zu sein, niemals in die Zukunft. Stell es dir bildlich vor: Eines Tages wirst du aufwachen und mit Entsetzen feststellen, dass du leider mit dem Trend »Glücklichsein«, viel zu oft mitgegangen bist und dein eigenes Ziel »Unglücklichsein« immer wieder auf später verschoben hast.

Ja, du hast dich manipulieren lassen, von all den glücklichen Menschen und ihren schrecklichen Visionen. Dich selbst hast du dabei vollkommen vergessen und bist nie deinen Weg gegangen. Uff, zum Glück hast du es dir gerade nur vorgestellt, denn es ist noch nicht zu spät, sei unglücklich und dass im Hier und Jetzt, egal, was die Massen sagen. Egal, was gerade in ist. Lebe deine Mission und lass dich nicht instrumentalisieren oder von deinem Kurs ablenken.

Wann warst du das letzte Mal unglücklich? Überleg mal. Ich hoffe nicht, dass du zu lange nachdenken muss. Denn das würde bedeuten, dass du vom Kurs abweichst. Es ist dein Leben und deine Entscheidung. Unglücklich sein war noch nie so einfach. Auch du schaffst es! Sei stark!

#59 Was dich glücklich macht, kann weg!

Räume alles weg, was deinem Unglück im Weg steht! Es ist möglich, dass manche Menschen dich davon abhalten wollen, dich warnen wollen. Diskutiere nicht! Halte dich am besten fern von all denen, die dir im Weg stehen und nicht auf deine Seite wechseln wollen. Wenn du doch an deiner Richtung zweifelst, dann fang eben an zu diskutieren und deine Ansichten zu verteidigen. Wie es dir schon von früheren Ratschlägen hier bekannt ist – je direkter und frecher desto wirkungsvoller! Ein Streit ist vorprogrammiert und bekanntermaßen enden solche Auseinandersetzungen selten friedlich. Genau das brauchst du, um dich zu ärgern, wütend zu sein, enttäuscht zu Hause zu heulen, wie schlimm die Welt geworden ist.

Es dauert nicht lange und schnell bist du unglücklich. Wer hätte gedacht, dass es so einfach gehen kann.

Ausmisten ist angesagt! Was darf bleiben? Menschen, die dich unglücklich machen, ausnutzen und belügen et cetera! Emotionaler Ballast, den du schon quälend lange mit dir herumschleppst! Bingo, sehr gut! Angst, die dich lähmt und Eifersucht erzeugt. Super Sache, mehr davon! Neid in jeder Form ist ein Muss!

Habe ich es dir nicht versprochen? Und dies sind lediglich ein paar Inspirationen, die dir zeigen, dass unglücklich sein ganz einfach ist. Du bist auf jeden Fall auf dem richtigen Weg. Mach weiter! Der Weg ist das Ziel. Feier deine Erfolge und denke daran, sie in deinem Pechvogel-Journal aufzuschreiben.

#60 Geiz ist geil, aber Jammern ist geiler!

Wieso, fragst du dich jetzt? Jammern macht unglücklich! Interessanterweise verbindet Menschen kaum etwas so stark wie Jammern, also kannst du mit dieser Strategie ungewollt oder selbstverständlich auch gewollt eine Bewegung in Gang setzen: Jammerfreunde. Das Beste ist: Mit Jammern kannst du dich überall austoben.

Wenn dein Job oder deine Familie dir nicht reichen, mach es zu deiner Priorität, im Internet international tätig zu werden. Verstehst du, welche Kraft du haben kannst? Breite deine Jammerbotschaften überall aus, wo es nur geht. Themen gibt es zum Glück mehr als genug. Theoretisch eignet sich jedes Thema dazu. Besonders geeignet sind Themen, zu denen die meisten ihren Senf dazu geben können.

Beispiele sind zahlreich: Politik, Gesundheitssystem, Schulsystem, Armut, Hilflosigkeit bei allem, et cetera. Jammern breitet sich aus wie eine Seuche und damit kannst du umgehend mehrere Menschen in deiner Umgebung infizieren. Du darfst dich besonders feiern, wenn du glückliche Menschen zu Jammerfreunden gemacht hast. Das ist eine außergewöhnliche Leistung und ein wahrer Erfolg.

Die Naiven vergeuden ihre Zeit mit positiven Gedanken, die die Menschheit einfach nicht gebrauchen kann. Verbinde die Welt und werde zum Jammer-Botschafter!

#61 Gib direkt nach dem ersten Versuch auf!

Wenn du Ziele hast, privat oder beruflich, das ist vollkommen egal, versuche sie zu erreichen, indem du ziemlich sofort aufgibst. Und dann Achtung (!): Erzähle der ganzen Welt, dass es bei dir schon wieder nicht funktioniert hat. Du hast keine Disziplin, sehr gut. Trainiere sie bloß nicht. Aufgeben ist viel einfacher und zum Glück immer eine Option, denn diese Entscheidung kannst du selbst treffen. Zudem braucht Aufgeben keinerlei Vorkenntnisse! Aufgeben musst du nicht studiert haben, denn das ist eine Fähigkeit, die jeder kann.

Überleg mal: Wieso denn weitermachen, wenn du aufgeben kannst? Der einfachste Weg ist der Beste. Bitte merke es dir richtig gut: »Versuchen« ist ab sofort das Zauberwort für dich. Wenn du etwas wirklich erreichen wolltest, würdest du es doch nicht versuchen, sondern machen, oder? Gerne kannst du dich auf die Suche nach ständig neuen Strategien, Tipps, Coaches, Therapeuten machen und unmittelbar nach dem Anfang aufgeben.

»Versuchen« und »Disziplin« sind keine guten Freunde, deswegen suche lieber weiter und versuche es nur. Jammern, dass die zwanzig Strategien schon wieder nicht funktioniert haben, ist einfacher und macht mehr Spaß. Der Weg zum Unglücklichsein ist wie für dich gemacht! Gratulation, du machst alles richtig!

#62 Werde zu einem Influencer für negative Gedanken oder Pech-(Unglücks)-Botschafter

Wer weiß, vielleicht bist du schon einer? Auch wenn du noch kein Instagram-, Pinterest- oder Facebook-, LinkedIn- oder Xing-Profil hast, kannst du ein Influencer sein, denn ein Influencer beeinflusst mit seinen Gedanken und Ideen die anderen. Als Pech-Botschafter in der Rolle einer Führungskraft bist du das beste Vorbild für deine Mitarbeiter, die früher oder später genau deswegen entweder dein Team verlassen oder sich anstecken lassen und für immer bleiben. Wer weiß, was besser ist …

Auch als ganz normaler Angestellter, egal auf welcher Ebene in deiner Firma, kannst du die Menschen in der Offline- und selbstverständlich auch in der Onlinewelt mit deinen negativen Gedanken beeinflussen. So wird aus einem guten Team eine Jammermannschaft, die sich wohlbemerkt lieber mit Jammern, anstatt mit den effektiven Aufgaben beschäftigt. Ruiniere ruhig deine Umwelt.

Ich verrate dir drei Schritte, die dir dabei helfen können:

1. Akzeptiere erst einmal das, was ist und wie schlimm das ist!
2. Fokussiere dich ausschließlich und dies **immer** auf die negativen Aspekte jeder Situation!
3. Kreiere dein eigenes 1×1 des negativen Denkens und verbreite es überall!

Deine Gedanken haben eine enorme Macht, richte sie bitte immer auf das Negative!

#63 Sei überall zu spät … und gewinne Aufmerksamkeit

Stell dir vor, du hast ein Meeting zusammen mit deinen Kollegen und viele Menschen sitzen da und warten auf dich, weil du dich verspätest. Ist das nicht großartig? Und dann kommst du rein. Hey, so viel Aufmerksamkeit hat manch einer noch nie sonst im Leben bekommen. Um den Effekt zu intensivieren, gehe schon mal ziemlich auffällig in den Raum rein und fange unmittelbar damit an, dich zu entschuldigen, dass du schon wieder vollkommen unnötig im Stau standest oder der Kunde etwas Dringendes wollte, oder als du dich gerade auf den Weg machen wolltest, dein Telefon klingelte und du einfach nicht anders konntest als dranzugehen.

Ausreden mit sehr vielen kleinen Details sind enorm wichtig, okay, eigentlich sind sie ziemlich langweilig, weil sie sich täglich wiederholen. Egal, mach weiter so. Merke es dir: Indem du dein Drama über Zuspätkommen, weil alles wichtig sein könnte, erzählst, vermittelst du möglicherweise allen, die da sind und auf dich warten ein Gefühl, dass sie weniger wichtig sind. Überleg mal: Angenommen sechs Kollegen warten auf dich und du denkst, dass es doch nur zehn Minuten sind. Das macht sechzig Minuten insgesamt. Somit bist du zu einem Zeitdieb geworden.

Wenn deine Kollegen ohne dich angefangen haben, dann frage direkt nach einem Update, sobald du dich hinsetzt. Manche werden die Augen rollen oder dir ihre mangelnde Begeisterung irgendwie anders ausdrücken.

Das alles soll dir egal sein, denn dieses Verhalten macht dich unbeliebt und früher oder später unglücklich und das ist genau das, was du willst! Zieh deine Mission durch!

#64 Vermeidungsstrategien sind oft deine besten Helfer in der Not

Wenn du immer wieder Probleme in der Partnerschaft oder im Job mit anderen Menschen hast, kannst du sie sofort lösen, indem du diese Menschen verlässt oder den Job wechselst. Auf kurze Sicht ist diese vermeintliche Lösung grandios, nur leider langfristig gesehen erkennst du früher oder später, dass du solchen Menschen andauernd begegnest. Typische Sätze, die du sicherlich kennst:

»Wieso passiert es mir immer wieder?«, »Ständig habe ich solche Partner, die mich verletzen.« und »Ich werde immer zum Opfer und verstehe nicht warum.«

»Die Welt ist verrückt geworden«, denkst du? Mag sein, also Vermeidungsstrategien sind nur eine schnelle, oberflächliche Lösung, die du brauchst, um weiterhin unglücklich zu sein. An der Ursache, die möglicherweise bei dir selbst liegt, solltest du dann keinesfalls arbeiten, denn für dein Ziel, unglücklich zu sein, ist sie definitiv unnütz. Beschwere dich lieber bei all den anderen und mach sie für deine Problem verantwortlich, nur so bist du schneller an deinem Ziel. Ja, bitte verbreite schlechte Energien wo immer es nur geht und vergifte dich selbst mit deinen Gedanken, denn genau das passiert, wenn du jemand anderem etwas Schlimmes wünschst oder symbolisch gesehen das Gift für diese Person vorbereitest und dabei selbst daraus trinkst.

Also, bleib bitte bei Vermeidungsstrategien, die dir in diesem Fall grandiose und schnelle (nur kurzfristige, aber egal) Ergebnisse liefern werden.

#65 Sei geknickt, oder: Wie die Körpersprache dich enorm unterstützen kann

Unterschätze nicht die Macht deiner Körpersprache. Dein Körper ist ganz direkt mit deinen Gefühlen verbunden.

Du kennst es sicherlich: Wenn es dir gut geht, hast du eine offene und freie Körperhaltung. Geht es dir nicht so gut, dann verspannst du dich und deine Körperhaltung knickt ein. Merke dir dies richtig gut. Im Laufe des Tages kannst du gerne die folgende Übung mehrmals bewusst wiederholen: Kopf runter, Blick nach unten, Schultern auch nach unten, wie du eben aussehen würdest, wenn es dir schlecht geht. Am besten warte nicht lang und mache diese Übung jetzt sofort. Na, hat es gut funktioniert?

Zusätzlich lade ich dich ein, dir dein Unglücksmantra mehrmals durch den Kopf gehen zu lassen. Sei dir richtig bewusst, was du sagst und verinnerliche jedes Wort. Zum Beispiel, wie schlimm dein Leben ist oder dass das alles keinen Sinn macht und sowieso nicht funktioniert. Dass keiner dich mag und du nichts kannst. Bis zu diesem Zeitpunkt hast du schon mehrere hochwertige Strategien kennengelernt und fühlst dich hoffentlich frei, sie auch täglich anzuwenden. Das »Theoretisch kann ich praktisch alles«-Prinzip brauchst du nicht, so funktioniert kaum etwas. Denke daran.

Solltest du es nicht allein schaffen, suche dir einen Mentor aus. Nur bitte nicht irgendeinen, sondern jemanden, der schon da ist, wohin du möchtest. Jetzt denkst du, dass Coaches und Mentoren doch alles positive Menschen sind. Auf den ersten Blick schon, beim näheren Kontakt gibt es auch da genügend schwarze Schafe. Genau so einen brauchst du dann.

Der gewünschte Erfolg lässt sich schnell blicken.

#66 Schlechte Laune Booster

Schreibe jeden Abend vor dem Schlafengehen mindestens drei Dinge auf, die an dem Tag schlecht gelaufen sind. Sei einfallsreich und erfinderisch und suche dir die drei Dinge, die deine schlechte Laune wert sind. Mit dieser Übung trainierst du dich, mehr das Negative im Leben zu erkennen und wirst mit der Zeit danach süchtig.

Ein paar Beispiele:
»Das Treppenhaus ist nicht picobello sauber. Schon wieder.« – Gleich hast du ein Grund dich aufzuregen.
»Die Kollegin hat mich heute nicht gegrüßt.« – Sie mag mich bestimmt nicht, mich mag sowieso keiner.
»Der Kunde nervt, diese Woche hat er jetzt schon zum fünften Mal angerufen!« – Es liegt niemals an deiner mangelnden Kommunikation, dem Kun-

den mitzuteilen, wann der Auftrag genau fertig ist. Bleib lieber bei »so bald wie möglich« oder » asap« oder Ähnlichem, denn diese Aussagen kann jeder sehr unterschiedlich interpretieren.

An manchen Tagen findest du möglicherweise nichts, einfach nichts Negatives. Was dann? Lies dir noch ein paar Notizen von den Vortagen durch und aktiviere damit deine negativen Gefühle. Das soll gut funktionierten. Es können auch Kleinigkeiten sein, die du mit unterschiedlichen Strategien aus dem Buch verstärken kannst.

Du wirst mit der Zeit Spaß entwickeln, indem du morgens und tagsüber schon anfängst, etwas Schlechtes zu suchen und genau darum geht es auch. Übung macht den Meister, sagen viele kluge Menschen und sie haben recht. Praktisch kaum etwas passiert über Nacht, sei dir dessen bewusst und gebe keinesfalls auf!

#67 Werde zum FOMO-Helden

FOMO steht für »Fear Of Missing Out«, das ist die Angst, etwas zu verpassen. Social Media ist ein Segen für dich, denn dort kannst du minütlich Beweise finden, wie langweilig dein Leben ist und welche Abenteuer jeder andere erlebt. Jeder, außer dir! Teure Autos, Luxusurlaube, perfekte Körper, sechsstellig verdienen mit Passiv Income, selbstverständlich ohne jegliche Anstrengungen, Promis als Freunde in Selfies et cetera.

Hast du auch den Eindruck, dass im Internet nur glückliche Millionäre unterwegs sind? Glaube daran, dass es genau so ist! Alles, was du siehst ist real. Punkt. Werde abhängig von dem Zeug, stell es dir vor, wie katastrophal es ist, zu verpassen, was deine Freude oder Kollegen gerade machen! Newsfeeds ständig zu checken, **muss** zu deiner Routine werden. Ob während der Autofahrt oder bei der Arbeit, zu Hause sowieso, sei bestens informiert, wo sich deine Vorbilder herumtreiben und vergleiche dich am besten mit allen, dort irgendwo im Internet. Sieh nur die Sonnenseite dieser Menschen und wenn sie plötzlich melancholisch werden und von ihren Misserfolgen berichten, glaube denen kein Wort. Sie wollen doch ganz bestimmt nur sympathisch wirken und erfinden Fehler, um nah an Menschen wie dir zu sein.

Glaube nur alles, was du siehst oder hörst. All die Erfolge und Glückssträhnen, wie schaffen die das alles nur? Vergleiche (! wichtiger Zusatz) dich als Bonus mit jeder Nachricht mit deinen Idolen und vergewissere dich, wie weit du von all denen noch entfernst bist. Logischerweise: Je mehr Promis in deiner Umgebung sind, desto erfolgreicher bist du auf dem Weg zu deinem Ziel, unglücklich zu sein.

Nur so wirst du leicht zu einem FOMO-Helden und bald unglücklich. Ziel erreicht, herzlichen Glückwunsch.

#68 An dir ist viel mehr falsch als richtig

Einstellungssache, denkst du gerade? Richtig! Alles ist eine Sache der Perspektive. Bei dieser Strategie haben zum Glück die meisten von uns die geniale Fähigkeit zur Gewohnheit gemacht, zu suchen, was bei sich falsch ist. Du kannst mit einer Kleinigkeit anfangen und dann hole eine gute Lupe heraus und mache aus dieser Lappalie ein richtig großes Drama.

Angenommen du hast Locken, die aus deiner Sicht nicht in sind, die eigentlich auch nie in waren. So hast du zumindest schon immer geglaubt. Suche dir dringend alle möglichen Produkte raus, die deine Haare glätten. Mit Hitze und Chemie, das ist selbstverständlich am besten und die Menge macht das Gift. Also ruhig mehr davon! Mit deiner imaginären Lupe schaue etwas genauer und google sogar danach, dann findest du bestimmt: Spliss, Bruch, Frizz et cetera. Hast du manchmal auch den Eindruck, dass du vor dem Kauf von Shampoo erst mal Haarwissenschaften studieren solltest? Du wirst fündig, denn die Geschäfte sind voll mit Ideen und topausgebildeten Verkäuferinnen: Es gibt entwirrende Pflegesprays für krauses, widerspenstiges Haar, für geschädigtes, trockenes et cetera. Die Liste ist lang: Optimal sind die mit vielen Silikonen, Parabenen, Sulfaten, mit Mikroplastik, Paraffinen, Formaldehyd und synthetischen Duftstoffen und so weiter. Langer Rede kurzer Sinn: alle Inhaltsstoffe, die du nicht kennst, weil alles Chemie ist oder danach Chemie klingt. Mit dieser Strategie machst du nicht nur deine Haare noch kaputter, sondern schadest auch deiner Gesundheit. Großartig, nicht wahr?

Siehst du, wie einfach das ist? Erinnerst du dich, wie dieses Kapitel angefangen hat ...? Richtig, was alles an dir falsch ist und deine Haare, Locken zum Beispiel, können ein Drama mit langwierigen Konsequenzen auslösen. Denke dich bitte weiter unglücklich. Es gibt noch viele unbekannte Felder und die Welt braucht negative Denker!

#69 Denk und rede immer in der »Nicht«-Form

»Das will ich nicht mehr«, zum Beispiel. Vielleicht agierst du jetzt schon so und wunderst dich, wieso du deine Ziele nicht erreichst. Oh, doch wer weiß? Eventuell bist du erfolgreicher, als du denkst, denn mit solchen Aussagen suggerierst du dir genau das, was du nicht willst und davon sogar noch mehr.

Verstehst du gerade nur Bahnhof? Hehe, okay unser Gehirn kann das Wort »nicht« nicht verarbeiten. Denke jetzt mal bitte **nicht** an einen rosa Elefanten (Klassikerbeispiel). Jetzt hast du doch daran gedacht, stimmt's? Also, jedes Mal, wenn du an etwas denkst, dass du »nicht« willst, kommst du sozusagen deinem Ziel näher, weil du dir unbewusst genau das Gegenteil suggerierst. Mache dir Gedanke über deine Gedanken!

Wie siehst es denn praktisch im Alltag aus? Ich möchte nicht mehr solche Partner kennenlernen, solche Jobangebote erhalten. Ich mag es nicht vor vielen Menschen zu präsentieren und genauso mag ich nicht, wenn jemand mich kritisiert. Im Job möchte ich in der Zukunft nicht mehr so wenig verdienen und so weiter. Wäre dein Ziel, glücklich zu sein, würde ich dir empfehlen, stattdessen die Sätze so zu formulieren, dass du eher sagst, was du willst. – Anstelle von »Ich möchte solche Jobangebote nicht mehr erhalten.« besser »Ein solches Jobangebot ... möchte ich erhalten.«

Wenn du zu deinem Lieblingsitaliener gehst, bestellst du dort so? – »Heute möchte ich keine Pizza, auch keinen Salat, und ganz bestimmt kein Fleisch oder auch kein Fisch. Okay, danke.« Klingt seltsam, nicht wahr? So ist es auch im Leben, nur zum Glück hast du ganz andere Ziele, als die Mehrheit da draußen und möchtest dich unglücklich denken. Die Sätze mit »nicht« sind dafür prädestiniert. Gut machst du das!

#70 Belastendes behalten und sammeln

Kennst du das: Du regst dich stundenlang über eine andere Person auf. »Wie konnte sie mir nur das bloß antun?«, »Das ist doch nicht normal.«, »Dieses Verhalten geht gar nicht, es tut so weh …«, »Wie kann er/sie mich nur so verletzen?« Vielleicht ahnst du schon, dass sich durch deine Gedanken diese andere Person nicht ändern wird. Du schadest lediglich nur dir selbst. Richtig, denn in solchen Momenten vergiftest du dich. Und was nun? Auch wenn du recht hast, aus deiner Sicht sowieso, kämpfe innerlich weiter und behalte dieses Gift unbedingt bei dir. Am allerbesten sammele solche wertvollen Giftgedanken und rege dich regelmäßig auf. Wie fühlt sich das an?

Lass mich mal raten. Schlecht? Punktlandung, sagst du. So ist es: Loslassen ist keine Option! Also, Belastendes behalten, ist der erste Schritt, der nachfolgende ist logisch und klar: Sammeln. Das sind alles zu wertvolle Impulse, es lohnt sich sogar, diese aufzuschreiben. Ob du es in dein Pechvogel-Journal notierst oder ob du es in irgendeiner anderen Form sammelst, egal, sei kreativ. Überlege dir ein Format, in dem du deine grandiosen Erkenntnisse gut sammeln und aufbewahren kannst.

Denke dich unglücklich, behalte alle negativen Erfahrungen und sammele sie zum immer wieder Genießen. Unglücklich sein macht auch gewissermaßen Spaß, oder?

#71 Lass dich von Ängsten treiben

Angst kann dich davon abhalten, etwas Neues zu probieren. Wer braucht schon Neues? Sammele alle deine Bedenken, Ängste, negativen Gedanken und lass sie auf dich wirken.

Vielleicht hast du noch nie eine Präsentation gehalten und überlegst dir alle möglichen Strategien, um dies zu vermeiden. Bleib dran, denn verschiedene Herausforderungen, die du gemeistert hast, können dir helfen, innerlich zu wachsen und unterstützen dich, mehr Freude im Leben zu haben. Das wäre kontraproduktiv, nicht wahr? Bewältigst du nämlich eine Herausforderung, die dir eingangs noch Angst machte, wächst in dir der Stolz auf dich. Es heißt nicht umsonst, dass wir durch die Ängste, die wir überwinden, wachsen und stärker werden. Also: Bleib lieber bei den Ängsten und sieh sie als Schutz, nicht, dass du auf den Geschmack kommst und damit anfängst, aus der Komfortzone zu treten. Nein, nein, bleib bitte in deiner Sicherheit!

Diese Sicherheit macht dich nur in deinem Kopf glücklich, beim zweiten Anblick enttäuscht und unglücklich, von daher bleib bitte dort und kuschele da drin mit allen deinen Zweifeln, Ängsten, Enttäuschungen. Zumindest hast du dort eine sinnvolle Beschäftigung. Sinnvoll ist eine Sache der Perspektive, wie hier schon oft erwähnt. Sinnvoll wozu? Nimm dir jetzt bitte Zeit und überlege ...

Im idealen Fall möchtest du doch bald selbstständig weitermachen, oder? Dein Leben verändert sich nicht von allein.

So, was hast du dir überlegt? Wozu sind Zweifel, Ängste und Enttäuschungen eine sinnvolle Zeitbeschäftigung? Sie alle helfen dir, unglücklich zu sein oder zu bleiben. Sie alle entstehen durch Gedanken, nicht wahr? Dann bitte weiter so! Denk dich unglücklich.

#72 Wenn du unglücklich sein willst, informiere dein Gesicht!

Was ist der Gesichtsausdruck von unglücklichen, gestressten und unzufriedenen Menschen? Alles andere außer Lächeln, richtig geraten. Sei stolz auf dich! Mehrere Studien haben herausgefunden, dass ein Lächeln dazu führen kann, dass wir uns besser fühlen, weil Lächeln Endorphine, natürliche Schmerzmittel und Serotonin freisetzt. Zudem senkt es den Blutdruck. Also, ab sofort ist Lächeln für dich tabu! Ruiniere doch nicht alles, was du bis hierher schon erreichst hast!

Und: Wenn du schon eine Miene ziehst, dann am besten bitte effektiv. »Wie soll ich das machen?«, fragst du dich gerade? Ganz einfach, untermauer alles mit negativen Gedanken. Das ist der magische Schlüssel. Alles im Leben ist Übungssache und egal wie weit du bis hierher gekommen bist – oder eben noch nicht gekommen bist – übe weiter, denn du hast ein Ziel: unglücklich zu sein.

Manchmal sind wir Menschen so vertieft in Gedanken, dass wir unbewusst eine gewisse Zufriedenheit ausstrahlen. Bitte lass es nicht dazu kommen!

Wenn du Unglücklichsein schon als deine Lebensaufgabe verstehst, dann bitte informiere dein Gesicht! Du musst entsprechend aussehen, sonst kaufen dir deine Mitmenschen deine Frustrationen einfach nicht ab! Wieso? Weil du nicht authentisch bist! Ja, unsere Körpersprache verrät viel über uns und das, was im Kopf passiert. Achte bewusst darauf.

#73 Kümmere dich immer erst um die anderen und dann vielleicht um dich selbst

Wir leben in einer Welt, in der viele Menschen Hilfe und Unterstützung brauchen. Melde dich überall und biete deine Hilfe an. Sei einfach immer für die anderen da. Gerade denkst du vielleicht: »Und, was ist so Schlimmes dabei? Anderen zu helfen ist doch gut!« Und du hast recht!

Jetzt kommt allerdings eine Kleinigkeit, die du unbedingt berücksichtigen musst: Vergiss dich selbst und deine eigenen Bedürfnisse dabei. Dann ist es lediglich eine Frage der Zeit, bis du aus einem Weltretter zu einem unglücklichen Menschen wirst.

Okay, mag sein, dass du nun denkst: »Ich bin doch so harmoniebedürftig.« Das kann deine jetzige Ansicht sein, nur welche Harmonie ist das, wenn du »Ja« zu allen anderen und »Nein« zu dir selbst sagst?

Wenn das für dich Harmonie ist, bleib dabei, du kommst deinem Ziel immer näher.

#74 Wenn du schlaue Antworten haben möchtest, lerne schlaue Fragen zu stellen

Schlaue Fragen sind genial, denn sie können eine neue geniale Perspektive eröffnen. Machen wir es doch praktisch und erforschen die Fragen, die dich schnell weiterbringen. Eine meiner Lieblingsfragen: Was **musst** (!) du jetzt (sofort) tun, um dich schlecht oder schlechter zu fühlen?« Klappt's?

Oft höre ich bei dieser Frage: »Mich an etwas erinnern, das sehr negativ für mich war.« Was lernen wir daraus? Na, dass unsere eigenen Erinnerungen und damit verknüpfte Emotionen, gute oder auch schlechte Gefühle in uns aktivieren können. Wenn es (noch) nicht klappt, probiere das hier: Du hast dich sicherlich schon mal so richtig schlecht gefühlt. Was war damals anders?

Beschreibe es sehr detailliert mit allen Sinnen.

VAKOG		
V	**V**isuell (sehen)	Wie sah die Umgebung aus, wie hast du selbst ausgesehen?
A	**A**uditiv (hören)	Welche Geräusche gab es? Wie hat sich deine Stimme angehört? Wie klangen die Stimmen der anderen Beteiligten?
K	**K**inästhetisch (fühlen)	Was war es für ein Gefühl? Wie hast du dich dabei gefühlt? Wo war das Gefühl in deinem Körper?
O	**O**lfaktorisch (riechen)	Roch es nach etwas?
G	**G**ustatorisch (schmecken)	Gab es auch einen typischen Geschmack?

Im idealen Fall erwischst du dich selbst dabei, dass du gar nicht mehr in der Vergangenheit diese Fragen beantwortest, sondern in der Gegenwart. Das bedeutet, dein Gefühl wird immer realer, als ob das, woran du denkst, jetzt noch einmal geschieht.

Aktiviere, wenn es geht, alle fünf oder so viele Sinne wie möglich. Schnell merkst du, dass es dir wieder schlecht geht. Ist das nicht genial? Und alles dank einer Frage!

#75 Reflektieren ist nur für Weicheier

Also: reflektiere niemals. Was bedeutet das genau? Blicke niemals zurück, um dich über die guten Momente zu freuen oder vielleicht aus deinen Fehlern zu lernen. Noch besser: Glaube, dass du keine Fehler machst und dass es nur die anderen sind!

Die Verantwortung dafür abzugeben, ist im Übrigen auch ein netter Ratschlag an dieser Stelle. Und sich mit den eigenen Fehlern zu beschäftigen, bringt sowieso nichts, denn es lässt sich eh nichts ändern. Ein anderer Nachteil der Selbstreflexion ist die Zeit, die du nicht hast. Oder: Wenn du doch Zeit haben solltest, diese lieber vor dem Fernseher verbringst, zum Beispiel. Die mangelhaften Erkenntnisse daraus halten dich auf dem gleichen Stand, wenn du ein Gespräch mit Kollegen, Kunden oder Freunden schon machen musst (!). Wie sollst du sonst über alle Z-Promis und Horrorszenarien informiert werden? Bleib dran, auch du kommst an dein Ziel! Lerne dich mit den richtigen Themen im Leben zu beschäftigen und das kann alles Mögliche sein, außer deiner persönlichen Entwicklung.

Internet und Fernsehen bieten dir täglich zahlreiche Ideen an. Mainstream ist immer gut: Misch dich auch dort ein und gib deinen Senf dazu. Viele dieser Themen lenken dich von den wirklich wichtigen Anliegen ab. So ist es richtig. Engagiere dich dort, wo du am wenigsten verändern kannst und komme bloß **nie** auf den Gedanken, bei dir selbst anzufangen. Und wenn schon, dann denke dich weiterhin unglücklich.

Rede dir ein, Opfer der Umstände zu sein. Das ist sehr hilfreich und da können dir das Internet mit all den großartigen Sozialen Medien und das Fernsehen mit all den inhaltlosen Beiträgen sehr behilflich sein. Es ist deine Wahl und deine eigene Verantwortung.

#76 Lass die anderen dich ärgern, stressen und mental verletzen

Geärgert oder gestresst von anderen kannst du gar nicht sein, aber bitte glaube dies. Natürlich ärgerst du dich nicht selbst und setzt dich niemals selbst unter Stress. Das sind immer die bösen anderen! Es ist niemals die Art, wie du reagierst. Es sind niemals die Emotionen, die die anderen in dir triggern. In Wirklichkeit ist unser Kopf so etwas wie Google. Wenn wir etwas suchen, geben wir ein entsprechendes Wort oder einen Satz in das Suchfeld ein und in Sekunden sehen wir bis zu tausende Hits, das heißt Antworten. Genauso ist es mit anderen Menschen, die durch Nutzung bestimmter »Triggerworte« in unserem Kopf eine aktive Suche laufen lassen. Stimmen die Aussagen, werden Emotionen getriggert und wir fühlen uns schlecht, verletzt, et cetera. Das sind die Themen, die uns auf unsere eigenen Baustellen hinweisen. In unseren Köpfen wohnen nicht nur Probleme, sondern auch die Lösungen, wenn wir an den getriggerten Themen anfangen zu arbeiten.

Das hier ist ein wertvoller Hinweis für dich, damit du dich nicht aus Versehen plötzlich auf den Selbstfindungsweg machst. Du bist doch dein eigener Unglücksschmied, deswegen finde die Wege, genau das zu leben. Im Grunde geht es wie immer um unsere Einstellung zu den Dingen, die wir ändern können und das in jede Richtung. Es gibt zum Glück zu allem eine negative und leider auch eine positive Sichtweise.

Um praktischer zu werden: Wenn dich etwas ärgert, was du nicht verändern kannst, suche nach den negativen Aspekten und vertiefe dich in der Thematik. Und jetzt Achtung (!), dass, was wir glauben, wird häufig Realität! Man nennt dies selbsterfüllende Prophezeiung. Also bitte mach dir ständig so viele Sorgen wie möglich und fokussiere alle deine Gedanken darauf.

#77 Umgib dich mit Hass

An jeder Ecke hört man heutzutage: »Love it, change it or leave it«. Wieso nicht ganz innovativ und endlich mal erfrischend anders: »Hate it, keep it and take care of it!«? Zumindest ist es deutlich realistischer, nicht wahr?

Viele leben diese Weisheiten täglich unbewusst. Etwas zu hassen ist immer großartig, denn Hass vermehrt die negativen Emotionen und verdirbt deinen Tag. Wenn du schon mal etwas hasst, dann bitte richtig und zwar so: Fixiere das Hassgefühl, mach das Gefühl so sicher, dass es stark und unzerbrechlich wirkt und natürlich der dritte und sehr wichtige Schritt, pflege dein Hassgefühl. Wie, fragst du dich? Mithilfe deiner Gedanken natürlich, die Wunder bewirken, denn es sind die damit zusammenhängenden Gefühle, die aus den Gedanken hervorgehen, weil jeder Gedanke auch ein entsprechendes Gefühl auslöst.

Hass mag manche Menschen motivieren, nur Achtung (!): Hass übt seelische Gewalt aus und kann nichts erschaffen, ohne etwas zu zerstören.

So, du merkst gerade, dass Hass als treuer Begleiter, ein guter Freund auf dem Weg zu deinem Ziel ist. Gehässig zu sein oder etwas beziehungsweise jemanden zu hassen und gleichzeitig Glücksgefühle zu spüren, ist kaum möglich.

Also, langer Rede kurzer Sinn: Hate it, keep it and take care of it!

#78 Hätte ich nur …

Unsere Sprache bietet geniale Möglichkeiten neue Gewohnheiten zu kultivieren. »Hätte ich nur« ist bloß ein Beispiel, wie du deine Vergangenheit reflektieren kannst, indem du deine Analysen so destruktiv wie möglich gestaltest. Mit Absicht habe ich mich für diesen Impuls hier am Ende des Buches entschieden. Wieso? So ähnlich wie am Ende des Lebens, schauen viele zurück und überlegen sich, was sie alles hätten machen können, nur leider nicht gemacht haben, weil sie die Umsetzung ihrer Ziele in die Zukunft verschoben haben. Bis sie eines Tages realisieren mussten, dass die Zeit dafür nicht mehr da ist. Also bitte, letzter Aufruf, fange heute mit der Umsetzung an!

Und bitte fang nicht im Geringsten an, zu überlegen, was du aus deinem »Pech« lernen kannst und eventuell besser machen könntest. Viel besser ist es, zu bereuen was war. Dich zu beschuldigen für alles, was du damals nicht besser wusstest, bietet ebenfalls eine solide Basis für Unzufriedenheit.

»Hätte ich damals nur auf XYZ gehört!«, »Wieso bloß passiert mir so etwas immer wieder?«, »Na klar, ich habe es auch nicht besser verdient!« und Ähnliches.

Gedanklich in der Vergangenheit mit solchen wertvollen Impulsen zu leben, ist ein sicherer Weg, unglücklich zu sein. **Wie du selbst siehst, ist es kein Hexenwerk!**

Danksagung mal anders oder ein Nachwort, welches zum Nachdenken anregt …

Dieses Buch wäre nicht möglich und auch nicht sehr nützlich ohne dich! Genau, denn was ist ein Buch ohne Leser? Ich danke dir dafür, dass du dich entschieden hast, dich mit deinen Gedanken auseinanderzusetzen und du vielleicht sogar ganz ehrlich zu dir selbst warst bei der Bewertung am Ende jedes jeweiligen Kapitels. Wer weiß, eventuell hast du dir einen lustigen Titel als Kenner, Master, Guru, Professor im Dich-unglücklich-Denken verliehen? Oder hast du deine Fähigkeiten als negativer Denker gar nicht überprüft? Nicht schlimm, du kannst auch einzelne Kapitel noch einmal lesen und dir darüber Gedanken machen.

Möglicherweise hast du etwas beim Lesen festgestellt, was dich zum Nachdenken bringt, bewusst und auch unbewusst. Ich danke dir auch dafür!

Unser größtes Glück ist es, zu wissen, was genau uns unglücklich macht. Erinnerst du dich an diese Worte ganz am Anfang in diesem Buch?

Ich freue mich schon sehr darauf, dich in meinen anderen Werken wiederzusehen und dich auf eine Reise zu deinem persönlichen Glück zu begleiten.

Wir können die Welt nachhaltig nur dann verändern, wenn wir bei uns selbst anfangen. Lass uns in Kontakt bleiben in sozialen Netzwerken oder auch persönlich. Bis bald!

Happiness Alchemie

Larissa Wasserthal
Happiness Alchemie
Wie du dem Leben eine neue Richtung gibst
1. Auflage 2018

200 Seiten; 14,95 Euro
ISBN 978-3-86980-423-1; Art.-Nr.: 1050

Verzweifelt sind wir auf der Suche nach Glück. Wir vermuten es in der Ferne – dort, wo wir gerade nicht sind. Doch was ist eigentlich Glück? Wo finden wir es wirklich? Antworten liefert diese fast wahre Heldenreise eines vierzigjährigen Managers aus Frankfurt. Eigentlich hat er alles – nur kein Glück: Die Karriere stockt, es steht nicht gut um die Familie, ...

Erschöpft, voller Selbstzweifel und mit einer gehörigen Portion Skepsis vertraut er sich einem Coach an. Doch wie kann der ihm helfen? Zusammen begeben sie sich auf die Suche nach seinem Glück: in Gesprächen, in der Stadt, in der Natur ...

All diese Sitzungen helfen ihm bei der Suche nach einer Lösung. Er findet Antworten. Er entdeckt seine wahren Talente. Er startet beruflich neu durch. Und endlich hat er auch privat wieder eine Perspektive.

Alle reden über Glück – dieses Buch zeigt, wie Glück geht.

www.BusinessVillage.de

Die neue Gewaltfreie Kommunikation

Markus Fischer
Die neue Gewaltfreie Kommunikation
Empathie und Eigenverantwortung ohne Selbstzensur
1. Auflage 2019

232 Seiten; 24,95 Euro
ISBN 978-3-86980-468-2; Art.-Nr.: 1076

Warum kommen viele Botschaften nicht an oder werden missverstanden? Wie führen wir Gespräche klar und mitfühlend, aber ohne Selbstzensur und falsche Rücksichtnahme? Welche Rolle spielt die Persönlichkeitsentwicklung in der Kommunikation?

Fischers Buch reflektiert zwei Jahrzehnte Praxiserfahrung mit der Gewaltfreien Kommunikation. Dabei zeigt es nicht nur die Schattenseiten und Missverständnisse von Rosenbergs Ansatz auf. Vielmehr liefert es einen auf nachhaltiger Persönlichkeitsentwicklung basierenden Ansatz einer neuen Gewaltfreien Kommunikation – ohne Selbstzensur und Dogmatik.

Es beleuchtet die Abgründe des Kommunikationstheaters und zeigt Möglichkeiten, wie sich gelingende Beziehungen in Berufs- und Privatleben gestalten lassen.

Ein lesenswertes Buch – für Kenner und Einsteiger der Gewaltfreien Kommunikation und alle, die Selbstreflexion und innere Entwicklung anstreben.

www.BusinessVillage.de

Das SUPER-BUCH

Das intelligente Notizbuch ist Ihr **Speicher** für **Ideen, Projekte, Telefonnummern, Reminder, nützliche Gedanken, Notizen,** ... all das, was sonst auf vielen kleinen Zetteln auf dem Schreibtisch verloren geht. Das von vielen Experten empfohlene System der Superbücher haben wir zum Super-Buch perfektioniert.

Das Super-Buch | Notizen • Aufgaben • Projekte • Ideen
A5 | 112 Seiten | Einzelpreis: 9,90 €

SUPER-BUCH classic in Lederoptik mit Wave-Struktur
Art.-Nr. 946 (anthrazit) | Art.-Nr. 1018 (grün)
Art.-Nr. 1019 (blau) | Art.-Nr. 1020 (orange)

A5 | 112 Seiten | Einzelpreis: 11,95 €

SUPER-BUCH leather edition
Art.-Nr. 1074 (anthrazit)
Art.-Nr. 1075 (brown)

Individualisieren Sie Ihr SUPER-BUCH

mit Wunschprägung (Logo, Name, Schriftzug) auf dem Cover. Auf Wunsch auch in Farbe. Fordern Sie noch heute das Angebot für Ihre individualisierten SUPER-BÜCHER an.

Gefühle

Patrizia Patz
Gefühle
Emotional gesund in einer rationalen Welt
1. Auflage 2019

220 Seiten; 14,99 Euro
ISBN 978-3-86980-495-8; Art.-Nr.: 1084

Emotionen oder auch Gefühle sind ein geflügeltes Wort und aus unserem Sprachgebrauch kaum wegzudenken. Mal soll man sie zeigen, mal soll man sie verbergen – also Gefühlskontrolle betreiben. Doch nüchtern betrachtet sind wir emotionale Analphabeten. So richtig wissen wir mit Gefühlen nichts anzufangen.

Warum haben wir den Umgang mit Emotionen verlernt? Oder haben wir ihn nie gelernt? Patz' Buch gibt Antworten auf diese Fragen. Denn damit wir wieder zur Vernunft kommen, brauchen wir eine andere Haltung zu Gefühlen. Sie können Einfallstor für und Werkzeug zur Manipulation sein. Oder ein Katalysator unseres Innersten und damit Kraftquelle. Aber ohne Bewusstsein darüber haben wir keine Wahl. Erst, wenn wir unsere Gefühle (er-)kennen, erlangen wir Klarheit und sind in der Lage, Verantwortung zu übernehmen, etwas zu verändern. Patz' Buch räumt schonungslos mit überholten Mythen über Gefühle auf und zeigt konkrete und attraktive Möglichkeiten, unser authentisches Potenzial zu leben. Die ersten Schritte sind dabei ganz einfach: Die eigenen Gefühle wieder wahrnehmen, kritisch hinterfragen und einordnen und die darin enthaltene Kraft nutzen, um nachhaltige Veränderungen zu vollziehen.

www.BusinessVillage.de

Happy Leaders – Happy People – Great Results

Sabine Bredemeyer
Happy Leaders – Happy People – Great Results
Über die Kunst, ausgeglichen und erfolgreich zu führen
1. Auflage 2019

276 Seiten; 29,95 Euro
ISBN 978-3-86980-452-1; Art.-Nr.: 1066

Es gibt viele Empfehlungen, wie Führungskräfte zu arbeiten haben und mit welchen Methoden und Instrumenten der Führungsalltag effektiv gestaltet werden kann. Doch ein Aspekt wird gerne ausgelassen: Der Mensch in der Rolle als Chef oder Vorgesetzter.

Denn gerade Menschen in verantwortungsvollen Positionen stehen unter enormem Leistungsdruck, verdrängen gerne alle Warnzeichen und ignorieren oft ihre Intuition. Mit einem strengen Fokus auf das Außen, auf Lösungen, auf das, was nicht funktioniert, bleiben sie früher oder später selbst auf der Strecke.

Genau hier setzt Sabine Bredemeyers Buch an. Aus einer überraschend nachvollziehbaren Perspektive zeigt sie, wie Führungskräfte ihre eigene Balance und ihre Selbstbestimmtheit zurückgewinnen, Charisma und Anziehungskraft entwickeln und zum Happy Leader werden, der mit inspirierten Mitarbeitern Großes erreichen kann. Denn erst, wenn wir mit unseren Wünschen, Zielen und unserem Körper im Einklang sind, gewinnen wir echte Lebensfreude zurück.

Dabei sind die ersten Schritte ganz einfach: Entdecke, was du wirklich willst. Achte auf deinen Körper. Nehme bewusster wahr und lerne verstehen, was dein Umfeld dir deutlich signalisiert. Dann werden auch zeitgemäße Führungstools einfacher und mit nachhaltigem Erfolg umsetzbar.

www.BusinessVillage.de

Der Abschied von der Sachlichkeit

Markus Hornung
Der Abschied von der Sachlichkeit
Wie Sie mit Emotionen tatsächlich für Bewegung sorgen
3. Auflage 2018

320 Seiten; 24,80 Euro
ISBN 978-3-86980-302-9; Art.-Nr.: 974

Seit Daniel Golemans Bestseller *Emotionale Intelligenz* vor zwanzig Jahren sind Emotionen in aller Munde. In Psychologie, Geistes- und Sozialwissenschaften gelangten sie zu einer wahren Renaissance. Zugleich haben die Neurowissenschaften zu einem nie gekannten Verständnis über Entstehung und Nutzen von Emotionen beigetragen.

Trotzdem scheint es, dass wir keinesfalls emotional intelligenter geworden sind – das Gegenteil drängt sich auf: Emotionen finden in Wirtschaft, Schule und Privatleben nur statt, wenn sie nicht stören. Sie werden zur wirkungsvollen Kommunikation entweder gar nicht oder dramatisierend eingesetzt und als Motivations-, Warn- und Bestätigungssignale so gut wie nicht wahrgenommen. Emotionen verkommen so zum leicht konsumierbaren mentalen Fast Food, sozialromantisch verklärt und ihres wahren Zwecks beraubt.

Dieser Trend führt dazu, dass wir die letzte Bastion der Selbstverantwortung – die eigenen Werte und Emotionen – in fremde Hände legen.

Markus Hornung zeigt, was wir dagegen tun können. Er wirbt leidenschaftlich für den selbstverantwortlichen, tatsächlich intelligenten Umgang mit unseren Werten und Emotionen. Denn erst dann treffen wir tragfähige Entscheidungen und erreichen ehrlich und authentisch unsere Kommunikationspartner.

Dieses Buch revolutioniert Ihre Vorstellung von Emotionen grundlegend und beflügelt nachhaltig Ihre Emotionale Intelligen

www.BusinessVillage.de